どんな問題もシンプルに解決する技術

車塚元章

同文舘出版

はじめに

私たちにとって問題解決とは、何も特別なことではありません。日常の業務や、ふだんの生活の中にも多くの問題があり、それらを私たちは日々解決しています。

業務上の問題であれば、「昨年に比べて売上げが落ちた」「新製品に不具合が発生している」といったものであり、プライベートで言えば、「友人とケンカをした」「最近、携帯の調子が悪い」なども問題と言えます。

こうした問題は、簡単に解決できればいいのですが、ときにはスムーズにいかないこともあります。複雑な問題のため、うまく原因究明できなかったり、大きすぎる問題のため解決策が見つけられない、などいろいろです。

そこで、これまでの経験では解決できない問題、解決が難しい問題に直面したとき、少しでもその解決に役立ててもらうことができれば、という思いから本書を執筆しました。

本書で紹介している問題解決の手法は、決して難しいものではありません。誰でも簡単に身につけることができ、実践できるものばかりです。

難しい問題を、難しい手法で解決するほどたいへんなことはありません。解決が難しい問題だからこそ、わかりやすくシンプルな手法でなければならないのです。そのため、本書では事例を交えながら、問題解決の基本をわかりやすく解説しています。

私たちのまわりには、解決すべき問題が山のようにあります。しかし、そうした問題をすべて解決するには時間もないし、また資源も限られています。

したがって、それらに優先順位をつけて解決しなければなりません。そうした優先順位のつけ方をはじめ、問題を特定して原因究明し、解決策を実行するといった、一連の問題解決の流れを体系立てて理解していただきます。

本書を片手に、どんな問題も解決し、仕事でもプライベートでも充実した人生を送るきっかけとなれば、著者として幸いです。

車塚　元章

contents

chapter2

問題解決のカギは？

chapter3

問題解決〝脳〟を鍛える

contents

chapter4

問題を整理する

chapter5

問題発見のフレームワーク

chapter6

必要な情報を収集する

chapter7

本当の原因をさぐる

contents

chapter 10

問題解決した後は、これをやる

カバーデザイン／本文デザイン・DTP
高橋明香（おかっぱ製作所）

問題解決できる人は
ここが違う

chapter 1

1 MSGに陥らないように

MSGとは、何の略かおわかりでしょうか？

Most－Super－Great の略ではありません。

M／無視する、S／先送りする、G／我慢する、の略で、問題に直面したとき、われわれがよくとりがちな行動パターンです。これは、典型的な日本型問題解決策かもしれません。どうも、私たちは問題解決を避けるというか、問題そのものを忌避する傾向が強いようです。

【M＝無視する】

見て見ぬふりをする／通り過ぎるのを待つ／みんな何か騒いでいるが、自分には関係がない

お得意先のS社の山口部長から、朝一番に納品ミスの電話が営業部にかかってきたとします。営業部では、部長をはじめ全員で、今後の対応策を話し合っています。

「とりあえず、納品された商品で勘弁してもらおう」「いやいや、何言ってるんだよ。まずは、直接謝罪にうかがって状況を確認しないと」

みんな忙しそうです。でも、経理部のあなたにとっては、直接関係がないことです。「とくに手伝えることもないし、営業部だけで何とかするだろう。それより、今日やらなければならない仕事がたまっているんだ。早く終わらせないと」――これが現実です。

あるいは、最近会社のコピー機の調子がよくありません。コピーを取るたびにギーギーと音がするし、紙詰まりもしょっちゅうです。しかし、誰もサポートセンターに電話して修理を呼ぼうとしません。あの音、何とかならないのかと思いつつ、面倒くさいから全員が見て見ぬふりをしているわけです。

【S＝先送り】

後回しにしよう／そのうち何とかなるさ／誰かが何とかしてくれる

本当は、今すぐに解決しなければならない問題とわかっていても、後回しにしてしまうことは少なくありません。

ある会社の月例営業会議で、売上低下の問題についての話し合いが行なわれています。「今月は、競合のA社の安売りが響いて売上げが落ちた」「いやいや、先月の売上げが好調だったから、その反動だろう」「エースの木村さんが休暇を取っていたから仕方がない」など、いろいろな原因を考えたり、活発な意見も交わされています。

しかし、会議の最後には「それじゃあ、いろいろ意見も出たし、もう遅いから今日の会議はここまで。結論は出なかったけど、次回までにみんな考えておくように」

こんな結論を先送りする会議では、いつまでたっても前には進みません。今、発生している問題なのですから、早急に手を打つべきです。

それから、こんなケースもよく聞く話です。サラリーマン社長が、自分の在任中は何事もなく過ごしたいと思い、問題を先送りにする。その結果、次の社長の代になってから問題が表面化して、世間に公表されてしまう、というようなことです。

［G＝我慢する］

仕方がない、我慢しよう／波風を立てないように、自分が我慢すればいいんだ

お昼のランチ時に、同僚とレストランに行ったとします。そこで、ウェイトレスにクリーニングに出したばかりのズボンに、スープをかけられてしまいました。

「ふざけるな。責任者を呼んでこい。弁償しろ」とは、なかなか言えません。

同僚の手前、それにランチ時でたくさんのお客さんもいるし、「いいよ、いいよ」と言って、自分でおしぼりを持って拭いたりします。

また、こんなこともあります。同じ部署で、同じような仕事をして、同じような給料をもらっている2人。それなのに、どうも仕事量のバランスが悪い。1人は、いつも5時の定時で退社できるのに、もう1人のあなたは、残業手当もなく夜9時まで仕事です。でも、このアンバランス状態を解決しようと動くのではなく、「自分には能力がないのかもしれない。仕方ない。我慢我慢……」と考えてしまいます。

いかがでしょうか、みなさんも、身に覚えがないでしょうか。もちろん、私にもあります。こうして見てみると、MSGではよくないことがわかります。こんなことをして問題を避けていたら、後からもっと大きな問題となって、あなた自身に降りかかってきます。そして、その頃にはもう手遅れとなっていて、解決不可能でお手上げという事態もあり得ます。今すぐ、MSGから脱却しなければなりません。

問題を避けてMSGに陥ることなく、まず正面から受け止める姿勢を持つことが、問題解決には求められるのです。

2 問題をチャンスに変える

いつかは解決しなければならない問題です。どうせなら、ポジティブにいきましょう。

問題というと、どうしてもトラブルややっかいな状況、困りごと、悩みごとなど、ネガティブなイメージがあります。しかし、そうしたネガティブイメージの問題も、私たちにとっては、本当はチャンスでもあるのです。

みなさんにも経験があると思いますが、私は小学校のときの夏休みの宿題は、8月末のぎりぎりにならないとやる気になりませんでした。毎日コツコツとやるより、場合によっては短期集中でやったほうがいいものができる、ということもあります。

おそらく、そうした傾向は大人になってからも変わっていないはずです。上司から、1週間以内にレポートを提出するように指示を受けても、提出期限ぎりぎりにならないと手をつけない、といった経験もあるはずです。私たちは、追い込まれないとなかなか本気になれないようです。

問題に直面しているあなたは、まさに追い込まれた状態にいます。いいように考えれば、本気になって問題に取り組める状態に置かれているのですから、これはチャンスと考えるべきなのです。

マイナス状態をプラスの状態に変える絶好のチャンス

今、問題が発生しているわけですから、これはマイナスの状態です。しかし、その問題が解決できれば少なくともゼロ、運がよければプラスの状態に持っていくことができます。

クレーム客を一所懸命フォローしていたら、いつの間にか上顧客になっていた、というのは、まさにその典型でしょう。「災い転じて福となす」という言葉がピッタリです。

自分の力を周囲にアピールする絶好のチャンス

ふだん仕事をしていると、自分の実力を周囲に示す機会はあまり多くはありません。

営業で大口顧客を開拓した、ということであれば十分アピールできるのでしょうが、日常業務は当たり前のように流れていくだけで、なかなかそのような機会はありません。

しかし、日常業務にはない大きな問題やトラブルをあなたが解決することができれば、周囲に対して、十分な存在感を示すことができます。

問題はネガティブに捉えるのではなく、絶好のチャンスと考えて解決に取り組んでください。

3 問題とは何か？

「最近うちの会社、問題が多くて困ってるんだ」「それは、問題発言じゃありませんか」というように、われわれは日常的に〝問題〟という言葉をよく使います。

では、問題とはいったい何でしょうか。どのような状態を言うのでしょうか。改まって考えると、答えに困ります。

ある新人のセールスパーソン西原君は、いつも悩んでいます。営業成績がいっこうに上がらず、同期の中ではいつも成績は下位だからです。毎月10件の新規開拓が目標ですが、3件がやっとという状態です。

口下手で、お客さんとうまくコミュニケーションが取れないためなのか、押しが弱いからなのか、あるいは担当エリアが新規開拓には向かない地域なのか、理由ははっきりしません。

そして、三つ年上の大島先輩に憧れ、「自分も、いつか大島先輩のように、お客さんから信頼され、頼りにされるセールスパーソンになりたい」と考え、悶々とした毎日を送っています。

この場合、西原君の問題はいったい何でしょうか？

短期的に言えば、営業成績が上がらないこと。長期的に言えば、大島先輩のようなセールスパーソンになっていないことが問題、ということになります。

では、営業成績が上がらないという状態を、もう少しくわしく見ていくと、毎月10件の目標に対して、3件しか新規開拓ができていないという状態でした。10件－3件＝7件の未達、つまり、このギャップが問題となります（定量的問題）。

そこで、問題を定義するとこうなります。

問題とは、あるべき姿（目標）と現状とのギャップ

当然ですが、毎月の目標である10件の新規開拓ができていればギャップは存在しないことになるため、その場合問題は発生していないということになります。

一方、長期的な問題ですが、「大島先輩のように、お客さんから信頼され、頼りにされるセールスパーソン」というあるべき姿に対して、自分はまだその域に達していないとなれば、そのギャップが問題（定性的問題）になります。

さあ、これで問題を定義することができたのでしょうか。

実は、これではまだ不十分なのです。

どういうことかと言うと、10件－3件＝7件の未達とは言っても、西原君がその7件のギャップを埋めよう、何としてでも毎月10件の新規開拓をしようと思わない限り、問題にはならないのです。つまり、**問題を解決しようとする意思が重要となるのです。**

同じように、「大島先輩のようになりたいとは思うけれど、やはり自分には無理だ」と考えていたのでは、問題にはなりません。それを解決しようとする意思がないからです。

それから、もうひとつ大事なことですが、**そもそもギャップには解決可能なものと、解決**

問題とは何か?

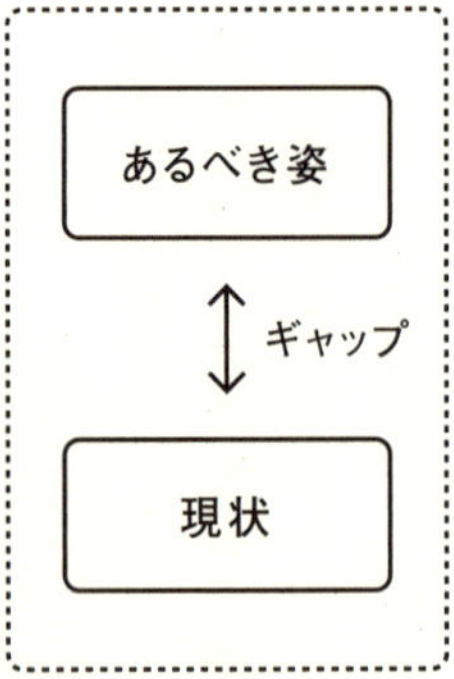

問題とは、
あるべき姿（目標）と現状の
ギャップであり、
解決の意思があり、
解決可能なもの

不可能なものがあります。

身長175㎝の大人が、あと10㎝背を伸ばしたいと思っても、そのギャップを埋めることはできません。185㎝になることは無理です。そう、自分の力ではどうにもならないこともあるのです。

また、あまりに高いあるべき姿（目標）を設定した場合も解決不可能です。毎月の新規開拓目標が10件ではなく、100件だったら、常識的に考えて解決はとうてい不可能でしょう。

ということで、問題を再定義するとこうなります。

問題とは、あるべき姿（目標）と現状とのギャップであり、解決の意思があり、解決可能なもの

4 解決できない問題は人に聞く

頭のいい人、プライドの高い人に多い傾向ですが、問題を自分ひとりで抱え込んで悩んでしまう人がいます。しかし、それでは問題解決はなおさら困難になります。自分ひとりで解決できない問題は、まずは人に聞くべきです。それが、最も早い問題解決法と言えます。

同じような問題を解決した経験者に聞く

これは、答えを知っている人に聞くという方法です。新規開拓ができないのであれば、大島先輩に、新規開拓のやり方を聞けばいいのです。大島先輩の新人時代、どういうやり方でお客さんを獲得していったのか。失敗体験、成功体験の中からアドバイスをもらうのです。

また、子どもが夜泣きをして困っている、何とかしたいと悩んでいる新米ママであれば、自分の母親や近所の先輩ママに解決方法を聞けばいいわけです。

仕事ができる先輩に聞く

仕事をするということは、業務上発生しているさまざまな問題を解決していくことに他なりません。お客さんからのクレームを解決する、売上不振の問題を解決する、などです。

ですから、仕事ができる人イコール問題解決できる人、と言えます。

あなたが抱えているのと、まったく同じ問題を解決した経験はないかもしれませんが、こうした問題を解決できる人に話を聞くことで、問題解決のヒントを得ることができます。

このように、経験者に聞いたり問題解決できる人に聞いたりするのにも、コミュニケーション力は欠かせません。問題解決におけるコミュニケーション力の重要性は2章で述べるとして、今コミュニケーション力に自信がないようであれば、こちらの方法もあります。

マニュアル書、書籍を参考にする

これは、人に聞く方法ではありませんが、経験者の残した文章を参考にすることで、問題解決のスピードは格段にアップします。

人の体験談を読むことによって、問題解決の手順を知ることができ、効率のよい問題解決ができます。

しかし、今まで誰も経験したことがない問題や、複雑な問題では通用しません。そうした問題に直面した場合は、本書に沿って、あなた自身で問題解決の手順を構築していってください。

5 問題は数字にして考える

前述の通り、問題には**定量的問題**と**定性的問題**があります。

西原君の例で言えば、10件－3件＝7件の未達というように、数字で表わすことができる問題、これを定量的問題と言います。売上目標100億円に対して30億円の未達、体重10kg減の目標に対して、4kg足りないというのもそうです。数字で確認できるため、誰が見ても問題がはっきりしています。

一方、大島先輩のようにお客さんから信頼され、頼りにされるセールスパーソンになりたいのだが、まだその域にまで達していない、という定性的問題があります。数字では表わすことができない問題です。

この定性的問題は、他人にはわかりづらいものです。それに、問題を解決するにしても雲をつかむような話で、具体的な解決策がなかなかイメージできないのも特徴です。

そこで、**問題解決にあたって、定性的問題は、可能な限り定量化するようにしてください。**

この例で言えば、あなたの考える「お客さんから信頼され、頼りにされるセールスパーソン」を、具体的な数字で表わすのです。

・1日5件、お客さんから相談、依頼の電話がかかってくる
・月3件、お客さんから新規見込み客の紹介をもらう
・月3回以上、お客さんから飲みに誘われる

といったように、誰が見てもはっきりとわかるように「見える化」します。こうすることによって問題が明確になり、何をどう解決していくのか、その方向が見えてきます。

ただ漠然と、お客さんから信頼され、頼りにされるセールスパーソンを目指すより、1日5件、お客さんから相談、依頼の電話がかかってくるビジネスパーソンを目指すほうが、具体的でわかりやすく、解決に向けたイメージがつかめます。

また、定量化のメリットはそれだけではありません。人に相談したり、アドバイスをもらうにしても、見える化は必要なことです。「月3件、お客さんから新規見込み客の紹介をもらうために、どうアプローチしたらいいのでしょうか?」といったように具体的に相談できるし、相談されたほうも的確にアドバイスすることができます。

6 頭で考えないで、体で考える

仕事ができる人、つまり問題解決ができる人は、行動することで問題を解決しています。しかも特徴的なのは、初動が早いということです。すぐに行動するフットワークのよさ、行動力が決め手ということです。

イメージでいうと、「坂本龍馬」といったところでしょうか。坂本龍馬の志、人間性、先見性、発想力、そして抜群の行動力。志や先見性だけでは、薩長同盟を実現させることはできなかったかもしれないし、実際に行動を起こしたからこその成果です。

どんなに考え抜かれた完璧な問題解決策があったとしても、行動が伴わなければ何の意味もありません。単なる机上の空論に過ぎません。かと言って、何も考えず、ただやみくもに動き回ればいいというわけでもありません。

本書で紹介する問題解決の手順、手法を駆使して、考えながら動く、動きながら考えることを実践してください。

そこで、まず注意していただきたいのは、「完璧な問題解決策はない」ということです。

たとえば、何度も何度も会議で検討を重ね、時間をかけて練り上げた新製品の販促プランでも、うまくいかないことがあります。

それから、私達のまわりの状況は、常に変化していることも見逃せません。円高になれば、輸出業者は影響を受けます。これまで考えてきた戦略の方向転換が必要になるかもしれません。あるいは、コンビニのオーナーであれば、近くに100円ショップや酒の安売り店が出店してくれば、店の運営方法が変わるかもしれません。

ですから、**80%の完成度があれば、まずはGO！　してみることです**。もたもたしてはいられません。まずは動いてみて、動きながら修正を加えていけばいいのです。そして、やってダメなら、また違うやり方を試してみることです。すべての条件が揃うまで待っていたのでは、手遅れになりかねません。

これは、解決策を実行する場面だけでなく、問題を特定する場合や原因を究明する場合でも同じです。80%の完成度があれば、まずはGO！　するということが大事です。

頭で考えない、体で考える。という習慣です。

7 問題解決とは何か？

先ほど、「問題とは、あるべき姿（目標）と現状のギャップであり、解決の意思があり、解決可能なもの」と定義しました。

では、問題解決とは何でしょうか。

あるべき姿（目標）と現状が一致したときに問題がなくなります。これは、ギャップが解消されるからです。つまり、その状態を「問題解決」と言います。

たとえば、毎月10件の新規開拓目標に対して、コンスタントに10件の新規開拓ができるようになりました。これで問題が解決されたことになります。

仮に、その後も手を緩めることなく、さらに新規開拓をし続けていたらどうでしょうか。月間平均15件の新規開拓ができるようになることもあります。あるべき姿（目標）のさらに上をいくわけです。

ということは、問題というマイナス状態から、あるべき姿（目標）のゼロ状態に到達し、さらにプラスの状態にまで転じることができた、ということです。

そこで、問題解決を定義するとこうなります。

問題解決とは何か

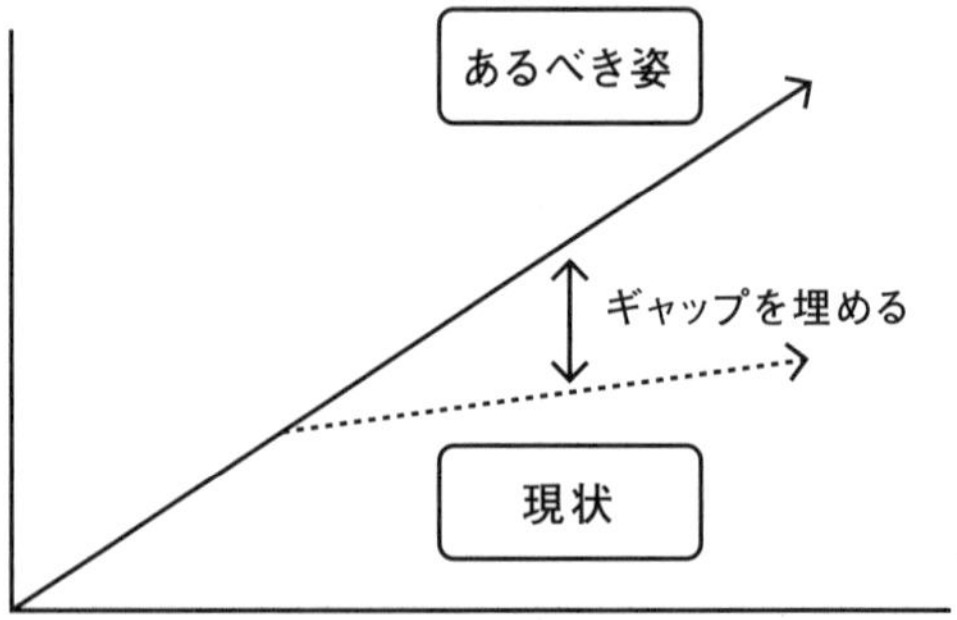

問題解決とは、
あるべき姿（目標）と現状のギャップを埋めることであり、
現状をあるべき姿（目標）、またはそれ以上に押し上げること

問題解決とは、あるべき姿（目標）と現状のギャップを埋めることであり、現状をあるべき姿（目標）、またはそれ以上に押し上げること

前述の、クレーム客を一所懸命にフォローしていたら、いつの間にか上顧客になっていた、という話のように、マイナス状態からプラスの状態に変えるチャンスにもなるわけです。

問題解決のカギは？

chapter 2

1 問題解決はゼロ込みプランで！

「お腹が空いたので、1人でカップラーメンを作って食べる」――日常よくある光景です。しかし、よくよく考えてみると、これも立派な問題解決です。

お腹が空いている（満腹状態という、あるべき姿に対して現状は空腹）という問題を、カップラーメンを作って食べるという手段で解決する。これはとても単純で、わざわざ問題解決と意識しなくても、自然とできてしまいます。

しかし、すべての問題がこれほど簡単に解決できるわけではありません。もっと複雑で、原因究明に何日もかかったり、解決策を考えるのに悩んだり、人の手を借りながら必死の思いでようやく解決できる問題もあります。現実には、こうした問題のほうが多いはずです。

たとえば、新入社員の入社1年以内での退職率が30％という問題であれば、「ここ数年、入社してくる新人の質が低下しているからだ」と、短絡的に原因を決めつけるのではなく、関係者にインタビューして原因究明をしたり、問題を解決するための手立てをいろいろと考えます。

そこで、会社でもプライベートでも、こうした複雑で難解な問題を解決するためには、次の三つの要素をベースに考えていく必要があります。

ゼロベース思考

固定観念を持たないで、ゼロベースで物事を考える／過去の成功体験、失敗体験を引きずらない思考／常識にとらわれず、柔軟に考える

コミュニケーション力

人と人との意思疎通／対面だけでなく、電話・メールによる人とのやりとり／感情や情報のやりとり

問題解決の手順

問題を特定してその発生原因を究明し、解決策を練り上げるといった、問題解決のための一連の手順／論理的に問題・原因・解決策を整理する

この三つを、**問題解決の3要素**と言います。ゼロベース思考（**ZERO**）、コミュニケーション力（**込み**）、問題解決の手順（**プラン**）ですから、ゼロ込みプランと覚えてください。

2 ゼロベース思考で行動する

よく、子どもは遊びの天才などと言われます。まわりにあるものを遊びに使ったり、今までやっていた遊びに少しアレンジを加えて新しい遊び方を考えるなど、さまざまな工夫をしながら楽しむことができるからです。

たとえば、大人から見たら、ただのペットボトルのキャップでも、子どもにとっては友だちと対戦するためのキャップ回しのコマになります。

しかし、こうした子どもの頃に持っていた柔軟な発想も、大人になるにつれて、年齢を重ねるにつれて、しだいに失われていってしまいます。

たいていの大人は変化が嫌いで、新しいものにチャレンジすることが苦手です。どうしても、これまでの延長線上で、物事を考える癖がついているようです。

私たちの思考は、過去からの経験の蓄積によって形成されています。これまで経験してきたこと、考えてきたことの積み重ねが、現在の思考を作り上げています。その中で、よいことと悪いこと、好きなこと嫌いなことが選別され、今の自分のスタイルができ上がっていきます。

たとえば紺系のネクタイが好きな人は、いつも紺系で同じような柄のネクタイを選びます。決して、赤いネクタイを選んだりしません。

しかし、それでは何の進歩もありません。ときには、思い切った思考のチェンジが必要です。

このような柔軟な思考は、問題解決にはとても重要であり、ビジネスパーソンとしてビジネスの世界で成功するためにも欠かせないものです。既成概念にとらわれず、ゼロベースで思考することです。

東京の、とある人気カレー専門店が、業績好調で支店を出すことになりました。東京で成功したから、次は三大都市の大阪か名古屋がいいのでは、と考えています。これは、ごく常識的な出店計画です。

では、ゼロベース思考で考えるとどうなるかというと、そもそも日本国内でなければならないのか、と考えるわけです。中国や韓国、ヨーロッパだって候補にはなります。「日本のカレーは、日本風にアレンジされた国民食だから、日本国内でなければ食べてもらえないはず」と決めつけるのではなく、「多くの外国人にしてみれば、カレーなんて食べたこともないはずだ。であれば、海外進出のチャンスかもしれない」と考えるわけです。

私たちは、過去の成功体験、失敗体験から多くのことを学び、それを糧に成長していきます。もちろん、そうした経験は貴重であり、無形の財産になります。ただ、必要以上にそれらに捉われないことです。ときとして、それらの経験は柔軟な発想の邪魔をしかねないからです。

たとえば、ある税理士が、相続税対策というテーマでセミナーを開催したとします。1年前は、節税対策をテーマとしたセミナーを開催したのですが、そのときは、メルマガを中心に集客して30人集めることができて、大成功でした。これに気をよくした税理士先生、今回も1年前に成功したメルマガ作戦でいくことにしたのです。しかし、結果は大失敗。たったの2人しか、集客することができませんでした。

前回はうまくいったのに、なぜ今回は同じやり方でうまくいかなかったのでしょうか。

・メルマガの読者が比較的若く、相続税を考えるような層ではなかったから
・同じ時期に、大手銀行や地元の信用金庫が相続税対策のセミナーを開催していたから
・前回30人を集客したものの、セミナー内容の評判が悪かったから

原因はいろいろと考えられます。ところが本当の原因は、「前回、メルマガを使ってうまくいったから、今回もメルマガを使えばうまくいくはずだ」という過信があったからです。

もし、今回の節税対策セミナーを企画した段階で、メルマガの読者の年齢層を確認した

り、他社のセミナー開催情報を収集したり、あるいは前回のセミナーのアンケート結果を分析していたら、少なくとも今回のような大失敗はなかったはずです。

成功体験だけでなく、失敗体験もまた、私たちの思考を停止させる要因になります。「今回、メルマガで集客したら、2人しか集まらず大失敗だった。メルマガは集客に向かないツールだから、もう二度と使わない」という発想も困ったものです。でも私たちは、意外にこういう判断を日常的にしてしまいがちです。

過去の成功体験、失敗体験は大事。ただし、あまりそれに引きずられることなく、ゼロベース思考で問題を捉えることです。

ゼロベース思考は、訓練によって身につけることができます。いつも意識しながら、次のことを実践していってください。

・過去の成功体験、失敗体験を考慮しないで考える
・ふだんの生活の常識、業界の常識を、まず疑ってみる
・メディアの情報、噂話は疑ってみる
・自分中心で考えるのではなく、相手のメリットを優先する
・まずは、制約条件や前提条件は排除して考える

3 コミュニケーション力で解決する

コミュニケーションの大切さは、ビジネスパーソンのみなさんなら十分に理解しているはずだし、また痛いほどわかっていることでしょう。

コミュニケーションなしに、ほとんどの仕事は進みません。また、スムーズな問題解決も望めません。当事者から情報を収集したり、同僚に相談したり、会議でディスカッションしたり、解決策の実行にあたっては部下に指示したり、上司に予算確保のお願いをする必要があります。

コミュニケーション力は、先に述べた問題解決の3要素（ゼロベース思考、コミュニケーション力、問題解決の手順）のうちで最も重要な要素であり、また同時に多くの人が苦手としているスキルでもあります。

問題解決関連の書籍を見ても、コミュニケーションの重要性について書かれたものはあまり見かけません。コミュニケーション力があることを前提にしているのでしょうか。その理由はわかりません。

ただ現実的に言えば、仕事をしたり問題解決をするにあたって、人との関わり方でその成果に大きな違いが出てきます。

とくに、問題解決にとってコミュニケーションが重要な理由は、次の三つに集約されます。

・コミュニケーションがとれている相手との間に、問題は発生しない
・コミュニケーションがとれている相手との問題は、すぐに解決できる
・コミュニケーション力があれば、まわりの人が協力してくれる

コミュニケーションが取れている相手との間に、問題は発生しない

よく、聞き違いやお互いの確認不足から問題が発生する場合があります。しかし、ふだんからコミュニケーションが取れている相手なら、聞き違いがあることに気がつかずに仕事を進めていたとしても、その後のやりとりを通じていつの間にかズレが修正され、問題発生に至らないこともあります。

また、プライベートで言えば、こんなこともあります。

たとえば、休日のドライブからの帰宅途中、あなたの車の前にノロノロ運転の車が走っていたとします。さあ、問題発生です。少しイライラしながら、「もう少しスピード出してくれないかなあ」「片道一車線だから追い抜きもできないし、後ろから少しプレッシャーでも

かけてみるか」と考えたりします。

ところが、前を走っているのが、隣に住んでいる昔からの友人の奥川さんだったらどうでしょうか。「何だ、奥川さんだったのか。意外に安全運転なんだ。まあ、急ぐわけでもないし、後ろからついていこう」となります。

つまり、コミュニケーションが取れている相手との間に、問題は発生しないのです。


コミュニケーションが取れている相手との問題は、すぐに解決できる

ある会社では、外回りをしているセールスパーソンの交通費の清算は、毎月月末が期限と決まっています。毎月、きっちりと交通費の清算手続きをしている城田さんですが、今月は忙しくて、期限に間に合いませんでした。期限に間に合わなかった、という問題の発生です。

しかし、城田さんはあわてていません。同期入社で経理の高倉さんに頼みます。「高倉さん、3日遅れなんだけど、清算してくれない？　ごめんね」「しょうがないなぁ。今回だけだよ」これで問題解決です。

仮に、これがふだんからあまりコミュニケーションが取れていない2人だったらどうでしょうか。「月末清算って、決まっていることでしょう。同期の城田さんの頼みでもちょっと無理無理。来月にして」となります。

コミュニケーション力があれば、まわりの人が協力してくれる

あなたが、ふだんからまわりの人との間に良好なコミュニケーションが取れていれば、いざ問題が発生したとしても、まわりが協力してくれるし、助けてもらうこともできます。

アメリカの社会心理学者ロバート・B・チャルディーニによれば、人は、好意を持っている人からの要請を受けると、それに積極的に応えようとする傾向があるそうです。

「先月発生した工場の新製品ラインでのトラブルだけど、くわしい状況を教えてほしい」とお願いすれば、喜んで応じてくれるはずだし、解決策のヒントまでもらえるかもしれません。それに、相談に乗ってくれたり、あなたのためなら、と会議では活発な意見が交わされたり、解決策の実行の際には、みんな協力的に動いてくれるはずです。

コミュニケーション力は、生まれつきのものではありません。ゼロベース思考と同じで、あなたの意識を変えることによって身につけることができます。まずは、自分から相手を好きになることです。人間関係は鏡の関係ですから、あなたが好意を持って相手に接すれば、必ず相手も応えてくれるはずです。

4 WIN－WIN型の問題解決法

WIN－WINの関係とは、自分も勝って、相手も勝つことです。つまり、お互いが勝者になることです。

一般的に、交渉には2種類のスタイルがあります。WIN－LOSE交渉と、WIN－WIN交渉です。WIN－LOSE交渉は勝ち負け交渉ですから、一方が勝者となる交渉術で、1回限りの交渉でよく使われます。

たとえば、旅行先での買い物などで、二度と会うことのない店主と値引き交渉をするといったケースです。いわゆる、勝ち逃げタイプの交渉スタイルです。

一方、WIN－WIN交渉は継続的な関係のある相手、たとえば取引業者などとの交渉に使います。今後も、長く取引が続くわけですから、良好な関係が求められます。

問題解決には交渉がつきものです。とくに、解決策を実行する場面では交渉の連続です。コスト削減のために新たな仕入先を検討するとなれば、仕入価格について、数社から見積りを取って交渉することになります。また、プライベートで言えば、毎月のお小遣いを、あと

1万円アップしてもらうにも交渉は必要です。

問題解決にあたっては、WIN‐WINを目指す

ほとんどの問題解決の場合、仕事でもプライベートでもそうですが、勝ち逃げできる状況は少ないはずです。問題解決の過程でも、解決後であっても相手との関係は続いていくし、その場合、基本的にWIN‐LOSE交渉は成立しません。

なぜなら、交渉で負けた相手は必ず仕返しを考えるからです。「今回は5%のコスト減で泣かされたから、次の取引では気づかれないように、その分上乗せしてやろう」となり、結果としてLOSE‐LOSEの状態になります。これでは双方負けですから、最悪です。

WIN‐WIN型の問題解決法では、まずは相手を信頼し、相手の立場を理解することからはじまります。1＋1＝2ではなく、相乗効果をきかせて、3とか4を目指す交渉を行なってください。

ところで、交渉の現場でこのような光景を見かけることがあります。

「わかりました。それじゃあ、今回はうちが泣きますから、次回はお願いします」

一見すると、WIN‐WINのようですが、実は違います。お互いが勝者ではなく、痛み分けですから、プラスマイナスゼロです。こういう状態のことをDRAW‐DRAWと言います。

5 フレームワークは上手に使う

ＳＷＯＴ分析、ロジックツリーなど、問題解決では定番となっているフレームワークがあります。その他にも、問題発見の４Ｐ、戦略の３Ｃ、ＰＰＭ分析、５Ｆｏｒｃｅｓなど、問題解決に使えそうなフレームワークだけで、軽く１００を超えます。

フレームワークとは、思考のためのテクニック、枠組みのことであり、言わば先人の知恵を見える化したツール（道具）です。ですから、物事を考えるときは、そのフレームワークに沿って考えることで、無駄なく効率的に問題解決に導いてくれます。

子供の頃で言えば、数学に出てくる公式のようなものです。公式通りに数字を当てはめていけば、正しい答えを出すことができる、そのためのツールです。

唐突ですが、企業の経営資源とは何でしょうか？

そう、「ヒト・モノ・カネ、そして情報」です。実は、これも経営資源を考える際のフレームワークなのです。ですから、経営資源が有効利用されているかどうかを検討するときには、この四つの視点に沿って見ていけばいいのです。

人材（ヒト）の採用・配置は的確に行なわれているか、商品（モノ）の品質・デザインは魅力あるものになっているか、資金（カネ）の配分は適正か、そして情報は十分コントロールできているか、などを検討していくのです。

フレームワークは、複雑な問題が発生したときにとても有効です。頭の中をうまく整理してくれるし、今後の方向性も示してくれます。しかし、あくまでもツールですから、使い方には注意が必要です。ツールを過信することなく、主体性を持って使うように心がけてください。

また、場面に合った最適なフレームワークを選ぶということも大切です。

ただ、どうしても人には好き嫌い、得意不得意というものがあります。そのあたりは注意しながら、自分の得意なフレームワークを持つのもいいでしょう。

それから、これは少し難度が高いかもしれませんが、フレームワークの使い方に慣れてきたら、独自の切り口をプラスしてみることです。たとえば、経営資源の4要素である、ヒト・モノ・カネ・情報に、〝ブランド〟というキーワードをプラスするといった具合です。

そして、最後は自分でオリジナルのフレームワークを作ることです。そうすることによって、あなたの得意な問題解決パターンを確立することができます。

6 ネット時代の問題解決法

みなさんは、ＡＩＤＭＡという言葉を聞いたことがあるでしょうか。マーケティングにおける、消費者の購買プロセス（注意→関心→欲求→記憶→行動）を示したものです。１９２０年代にアメリカで提唱された考え方で、今でも広告業界などでは広く使われています。

しかし、最近では消費者の購買プロセスに変化が見られるようで、これまでの定番だったＡＩＤＭＡから、ネット時代を反映して〝検索〟、〝情報共有〟といったキーワードを使った新しい購買プロセスが考え出されています。それが、電通が提唱しているＡＩＳＡＳ（注意→興味→検索→購買→情報共有）です。

当然、問題解決も例外ではありません、ネットはおおいに活用していくべきです。Ｗｅｂサイトから情報収集をしたり、ＳＮＳを使ってミーティングを行なったり、Ｔｗｉｔｔｅｒを使ってユーザーからの意見を吸い上げるなど、さまざまな活用方法があります。

よく、ネット上にある情報は玉石混淆と言われます。いいものもあれば悪いものもある。正しい情報もあれば、そうでない情報もある。たしかにその通りで、１００％信頼できる情報ばかりではない、ということも考慮しておく必要があります。

ただ、せっかくの強力ツールですから、これを使わない手はありません。

問題解決において、ネットを使う最大のメリットはやはり情報収集ですから、まずは日経新聞の関連サイトなど、信頼に足りる情報サイトを抑えておくことが必要です。

それから、検索サイトを使った情報収集を行なう場合に注意していただきたいのが、〝検索〟のやり方しだいで、収集する情報に大きな違いが出てくるという点です。

たとえば、何人かに「老人介護市場の将来性」について、ネットを使って情報収集してください、とお願いしたとします。まず、ほとんどの人は「老人介護」「将来性」といったキーワードから検索をはじめることでしょう。

しかし、もし老人介護市場の将来性について悲観的に考えている人が、「ホームヘルパーの人手不足が深刻」という情報を見つけたらどうでしょうか。「やっぱりそうなのか」と考え、今度は、検索キーワードに「人手不足」を加えて検索するようになります。その結果、自分の考えを証明するような、偏った情報しか集まらなくなってしまいます。

ですから、ネットで情報を検索する際にはそのことを十分に理解したうえで、できるだけ幅広く客観的な情報を収集するように心がけてください。

7 仕事や生活をすること自体が問題解決

前章で、仕事をするということは、業務上発生しているさまざまな問題を解決していくことである、というお話をしました。つまり、仕事ができる人イコール問題解決できる人ということです。

そこで、そのことをもう少しくわしく見ていくことにします。

A・M・マクドノウによると、「**企業とは、解決すべき問題の集合体**」だというのです。

自分のまわりを見渡してみると、なるほど問題の多さに気がつきます。

今日中に提出すべき報告書が出来上がっていない、お客様とのアポに遅れてしまった、生産ラインに不具合が発生した、上司と部下のコミュニケーションが悪い。私たちは、こうした問題を解決しながら、日々仕事をしています。

また、一見すると問題解決だと気がつかないものもあります。

販促のためのチラシを作成する、新入社員にパソコンの使い方を教える、工場の棚卸作業を手伝う。どれも日常的な業務ですが、よく考えてみると、すべてが問題解決なのです。

ですから、仕事をすること自体が問題解決をすることであり、仕事ができる人というのは、問題解決できる人だということがわかります。

一方で、**企業は、問題解決のためのプロ集団**という側面もあります。

どんな企業も、お客様にモノやサービスを提供してその報酬を得ています。そして、その提供されたモノやサービスで、お客様の問題を解決しているのです。

たとえば、美容室はお客様の髪が伸びてしまったという問題を解決して、カット料をもらっています。牛丼チェーンであれば、お客様の空腹という問題を解決しているし、中小企業診断士なら、業績不振という企業の問題を解決しています。

企業は解決すべき問題だらけでありながら、お客様の問題を解決して報酬を得るプロ集団である、ということです。

そう考えると、身のまわりで起こっている現象や行動は、すべてが問題解決に見えてきます。仕事をしたり生活すること自体が、問題解決なのです。

問題解決“脳”を鍛える

chapter 3

1 垂直思考と水平思考のダブルで考える

問題は、タテ方向とヨコ方向から考えてみるべきです。

垂直思考（バーチカル・シンキング／Vertical Thinking）という言葉があります。これは、ひとつのことを垂直方向に深く掘り下げて、論理を積み重ね突き詰めていく思考を言います。

〝カイゼン〟などはその典型例で、日本のこれまでの経済発展を支えてきた手法であり、日本人の得意とする思考パターンです。

問題解決では、問題を特定し、その発生原因を究明し、解決策を練り上げる、といった一連の手順を踏むことで、論理的に思考を深めていくため、垂直思考と言えます。

しかし、垂直思考だけで問題を捉えていると、どうしても限界があります。論理を積み重ねていく深堀型の思考なので、視野が狭くなるというリスクがあるからです。

人間で言うと、学者タイプとでも表現したらいいでしょうか、専門性が高く、ひとつのことに没頭するタイプです。その反面、まわりが見えなくなる傾向があります。

それから、よく言われることですが、**ロジカル・シンキングは垂直思考のひとつ**です。

一方で、**水平思考（ラテラル・シンキング／Lateral Thinking）**という思考法があります。

１９７０年代、エドワード・デ・ボノ博士によって提唱された思考法で、論理的に積み上げていく思考ではなく、自由な発想で、水平方向に広がりを持って思考をめぐらせることで、革新的で新しい考えを生み出します。ひらめきや直感も大切にする思考で、イノベーションには欠かせません。

人間で言うと、自由でいろいろなことに興味がある、社交的な遊び人タイプでしょうか。

これからの問題解決には、垂直思考だけでなく、こうした水平思考も取り入れていく必要があります。**この二つの思考法を組み合わせることによって、これまで思ってもみなかったような革新的な解決策が生まれます。**学者と社交的な遊び人が強力タッグを組むわけですから、リアリティのある問題解決が期待できます。ぜひ、問題をタテ方向とヨコ方向から考える習慣を身につけてください。

そこで、水平思考の取り入れ方ですが、実践的な方法が三つあります。

・前提を疑ってみる
・見方を変えてみる
・組み合わせてみる

前提を疑ってみる

たとえば、〝残業時間が多い〟という問題があったとします。垂直思考では、深く掘り下げて原因を究明し、解決策を考えます。しかし、水平思考では、「それは、本当に解決すべき問題なのか？」「そもそも、残業時間が多くて何が悪いのか？」「残業という概念をなくしてみては」と考えます。

このように、前提を疑ってみることで、「思い切って、フレックスタイム制を導入しよう」といった、これまで思ってもいなかった革新的な解決策が生まれることがあります。

こうした、前例を疑ってみるという行為は、前述したゼロベース思考にも通じる方法です。

見方を変えてみる

見方を変えるには、まず立場を変えて考えてみるといいでしょう。

企業が、自社の商品・サービスを販売するときに使うフレームワークに、マーケティングの4Pがあります。ジェローム・マッカーシーが提唱した考え方で、次の四つのPをミックスすることによって、最大の効果を発揮しようとするものです。

Product（何を売るか）　Price（いくらで売るのか）

Place（どこで売るのか）　Promotion（どうやって売るのか）
　このマーケティングの４Ｐは、企業の立場から見た分類方法ですが、逆に、顧客の立場から見たロバート・ラウターボーンのマーケティングの４Ｃがあります。
Customer Value（顧客にどんな価値があるのか）
Cost to the Customer（いくらなら買うのか）
Convenience（簡単に手に入るのか）
Communication（コミュニケーションは取れているか）
　どちらも、マーケティングを考えるうえでのフレームワークですが、立場を変えてみることで、これだけ見方が違ってくるものなのです。

組み合わせてみる

　まったく性質の異なる二つのものを組み合わせて、新たに価値のあるものを創り出す方法です。
　たとえば、有名コンビニとレンタルＤＶＤショップとの組み合わせによる店舗、有名コーヒーショップと書店との組み合わせによる店舗などがその好例です。また、もっと身近なところでは、お財布機能を持ったケータイなどもそうです。

2 クリティカル・シンキングで正しく批判する

批判をするのに、正しいも正しくないも関係ないと思われるかもしれませんが、実はそうでもないのです。

ふだん、私たちは上司の意見や業界の慣習、一般常識などを〝絶対的〟なものだと思い込み、狭い範囲の中だけでさまざまな思考を巡らせています。しかし、まわりやビジネスの環境は常に変化しているため、絶対と思える条件であっても、ときには批判的な立場から眺めてみることが大切です。

「それは、本当に必要なのか?」「それは、本当に正しいのか?」というように、ポジティブに〝疑う〟ことです。

こうした思考を、**クリティカル・シンキング（Critical Thinking／批判的思考）**と言います。

前項でお話ししたように、前提を疑うことで水平思考を身につけることができますが、その際にも、正しく批判するクリティカル・シンキングが有効ということなのです。ただ、「あいつの意見には絶対反対!」「その方法じゃあ、無理だよ」など、相手を否定するといった類の批判とは違うため、そのことは覚えておいてください。
また、このような批判的な思考を習慣化することで、問題解決に向けた議論が誤った方向に進むことを防ぎ、正しい方向へと導いてくれます。いわば、垂直思考の学者と水平思考の社交的で遊び人のコンビが暴走しないように、愛情をもってブレーキをかける先生役とでも言ったらいいでしょうか。

問題解決を行なう過程で、もし前提や常識などの絶対的な条件があった場合には、まず「それは、本当に必要な条件なのか?」と考えてみることです。そして、仮にその条件が排除できることがわかれば、これまでに思いもよらなかった新しい発想が生まれることもあります。

たとえば、問題を特定するときなどでも「本当に、これは問題なのか?」と自問自答してみることです。「もっと、違う問題があるのではないか?」「この問題は、他の人にとっても問題なのか?」といった疑いを持つことです。

それから、クリティカル・シンキングの効力を一番発揮できるのが、実は原因究明を行なう場面です。常に、「問題が発生した原因は、本当にこれでいいんだろうか?」と疑う姿勢を持つことで、真の原因に近づくことができます。

3
思考力を磨く「空」「雨」「傘」の秘密

たとえば、外出しようとして空を見上げたところ、やけに暗く曇り空です。
「何だ、曇りか。今にも雨が降りそうだなあ。仕方がない、傘を持っていこう」となります。
「空」 暗いし曇り空だ (事実)
「雨」 雨が降りそうだ (解釈)
「傘」 傘を持って行こう (行動)
これは、コンサルティングファームで使われているフレームワークで、事実－解釈－行動の3段階で情報を整理する〝空・雨・傘〟です。

「空」
外出したいと思って空を見たら、暗いし曇り空だった、というのは事実です。まずは、事実を正確に認識することが大切です。ここで事実確認を誤ると、この後に続く解釈、行動がまったく意味のないものになってしまいます。

「雨」

雨が降りそうだ、というのは解釈です。曇り空という事実から導き出された、自分なりの考えということになります。ですから、この部分は人によって異なります。ある人は、「曇り空だ。だから、雨が降りそうだ」となるし、別の人は、「曇り空だ。だから、少し冷えるかもしれない」と考えるかもしれません。それから、解釈はひとつとは限りません。複数あってもかまわないのです。

「傘」

最後は行動ですが、「曇り空だ。だから、雨が降りそうだ。では、傘を持って行こう」となるわけです。また、この行動も選択肢はひとつだけではなく、「車で行こう」「外出は明日にしよう」など、いくつもの行動が考えられます。

この「空」「雨」「傘」。単純そうですが、やろうとすると、けっこうたいへんです。たとえば、報告書を書く場合でも、事実の記載のみでアクションプランが抜けた報告書や、「売上げが下がっている。だから、売上げを上げる」という解釈を飛ばした、短絡的な報告書をよく見かけます。

「空」「雨」「傘」の3段階で考える習慣を身につけることで、あなたの思考力は確実に磨かれていきます。

4 問題意識で脳を活性化させる

ビジネスの世界に生きている人なら、何度この言葉を聞いたことでしょうか。

「問題意識を持て！」

数えきれないくらい聞いているわりには、わかったようなわからない言葉で、実にあいまいで、守備範囲の広い言葉です。「もっと、やる気を出してくれ」「仕事に関心を持つように」「考えながら仕事をしてほしい」「改善意欲を持て」「問題を発見してくれ」など、人によって解釈の異なる便利な言葉でもあります。

当然のことですが、問題意識のない人に問題は解決できませんから、問題解決にとって問題意識は必要最低限のマインドであり、能力と言えます。

では、定義してみます。

問題意識とは、あるべき姿を描く力（目標設定力）×現状把握力×改善意欲

ですから、問題意識の低い人というのは、あるべき姿（目標）が描けていないか、現状認識ができていないか、改善意欲に乏しいということになります。

では、この三つの条件の中で最も重要なのは何かと言うと、やはり改善意欲でしょう。今よりもっとよくしたい、という思いがなければ何もはじまらないからです。

ただこの改善意欲は、人に教わったり、訓練によって身につけるものではありません。気持ちそのものです。ですから、仮に改善意欲を醸成させる方法があるとすれば、それは今の仕事を好きになる以外にありません。

また、あるべき姿を描く力（目標設定力）ですが、会社や上司から与えられる場合は別として、自分で描くとなると、けっこう難しいものがあります。あまりにも高い、あるべき姿を描いてもダメだし、逆に低すぎてもダメです。

それから、現状把握力ですが、これはあるべき姿に対して、現状はどの程度なのかを評価するという意味もありますが、それだけではありません。

たとえば、まわりの状況を見て、仕事が滞っている箇所がないかを観察したり、一つひとつの業務にムダがないかを考えてみたり、常にまわりに関心を持って行動する力も含まれます。

こうして考えていくと、問題意識とは、「問題を認識する力があることを前提とした改善意欲のこと」ということがわかります。

5 問題発見力が解決の第一歩

問題は小さいうちに発見して対処するほうがいいに決まっています。問題による被害も、解決するための労力も、小さくてすむからです。

たとえば、お客様からのクレームが1件しか発生していない段階で対処したほうが、5件、10件発生してから対処するより、はるかに楽に解決することができます。

さらに言えば、問題になる前の「問題の芽」の段階で気づくことができれば、もう言うことはありません。「このままいけば、クレームが発生するかもしれない」という段階で対処することができれば、問題解決としては完璧でしょう。

今はスピードの時代です。とくにネットの普及で、情報伝達のスピードはマッハですから、問題解決においてもスピード重視であることは間違いありません。可能な限り、早い段階で問題や問題の芽を発見し、素早く対処することが求められます。**問題解決力より、問題発見力が重視される時代なのです。**

その問題発見力ですが、問題意識を高いレベルで維持することによって培われていきます。問題意識の延長線上にあるのが問題発見力と理解してください。

そのため、当然のことながら問題発見力には、あるべき姿を描く力（目標設定力）、現状把握力、改善意欲といった要素が含まれます。

その他に、現状に対する強い危機感も必要です。「このままの商品・サービスで生き残っていくことができるか」「こんなことで、売上目標が達成できるのだろうか」「部下は育っているだろうか」といった危機感が、「今より安くしよう」「もっと早くしよう」といった、改善意欲にも結びついていくのです。

また、情報収集力も必要です。くわしくは6章で見ていきますが、最大のポイントは情報収集のためのアンテナの感度です。感度の悪いアンテナを何本立てていてもムダなため、少ない本数でも感度のいいアンテナが求められます。

別の言い方をすると、問題が隠れていそうだと感じるセンスということです。仕事が滞っている箇所はないかを観察するにしても、ある程度のあたりをつけてからのほうが効率もいいはずです。

また、業務の流れにムダがないかを調べるにしても同じです。このあたりに問題がありそうだ、と仮説を立てて調べたほうがはるかに効率的です。

このように、問題意識を持ったり、問題発見力を身につけることは、問題解決にとって必要不可欠なことなのです。

問題を整理する

chapter 4

1 問題と課題は違う

問題と課題の違いについて説明できる人は、案外少ないものです。

同じような意味合で使われるケースが多いこの二つの言葉ですが、本当は明確な違いがあります。

○「問題解決に向けた会議を開催します」
×「課題解決に向けた会議を開催します」

問題とは、あるべき姿（目標）と現状とのギャップです。それに対して、**課題とは、問題解決のためにやるべき事柄のことを言います**。

ですから、問題解決はあっても、課題解決ということはないのです。課題とは、遂行したり実施したり、実行するものなのです。

たとえば、ある日突然家のテレビが映らなくなってしまいました。せっかく、家族団らんでテレビを見ようと思ったのに、これでは台なしです。

この場合の問題は、テレビが映らないということです。リモコンの電池が切れていないか、電源のスイッチの故障はないか、いろいろ調べましたが原因はわかりませんでした。翌日、メーカーのサービスマンを呼んで調べてもらった結果、やっと判明しました。アンテナが外れていたのです。早速、アンテナを取り付け直すことで問題解決です。

もうおわかりだと思いますが、このケースでの問題は、テレビが映らないことです。そして原因は、アンテナが外れていたということでした。課題とは、問題解決のためにやるべき事柄のことですから、つまりアンテナを取り付け直すということが課題となります。

問題：テレビが映らない
原因：アンテナが外れていた
課題：アンテナを取り付け直す

言葉の意味の違いなど、そんなに気にしなくてもいいのでは、と思われるかもしれませんが、そうでもないのです。

まわりの人たちに協力してもらったり、チームで問題解決にあたる場合などでは、やはり仲間との共通言語が必要になります。お互いの認識を同じにしておかないと、議論がかみ合わなくなって、問題解決もスムーズに進まないからです。

それに、自分自身の頭の中を整理するという意味でも、こうした言葉の定義は必要です。

2 構造を理解して問題解決力をアップする

それではここで、問題と課題の違いも含めて、問題の構造、問題の仕組みについて、ケースを使って整理しておきましょう。

コンサル会社に勤める入社3年目の梅田さんは、海外留学の社内選考に応募しています。社内選考にパスするには、ＴＯＥＩＣのスコア８００点が必要です。かなりハイレベルではありますが、８００点取りさえすれば、海外留学が決定することになっています。

そこで、試験本番1ヶ月前に模擬試験を受け、今その結果を見ながら悩んでいるところです。手ごたえは十分あったのですが、結果は７４０点でした。

この場合、目的は海外留学の社内選考にパスすることです。そのためには、今回の模擬試験で８００点は取る必要がありました。ところが、結果は７４０点。ということは、あるべき姿（目標）と現状ギャップは８００点－７４０点＝60点ということになり、60点不足しているということが問題になります。

まずはこの時点で、目的、あるべき姿（目標）、現状、問題がはっきりしました。

問題がはっきりすれば、次は原因の究明です。ここで、考えられる原因は次の三つです。

・リーディングの読解で点を落としていた

・リスニングの説明文問題で点が取れていなかった

・当日、突発的な電車の事故で会場に20分遅れて到着し、その分試験時間が足りなかった

いろいろと調べて検討した結果、これら三つの原因の中で、対処すべき真の原因は、リスニング力の弱さであることがわかりました。この真の原因のことを、問題点と言います。

ここで、原因、問題点もはっきりしました。

課題とは、問題解決のためにやるべき事柄ですから、ここでの課題はリスニング力を強化するということになります。つまり、問題点を解消するということです。

そして、最後は解決策です。リスニング強化のために、外国人による個人指導を受けることにしたのです。

いかがでしょうか。これが、目的~解決策までの問題解決のための一連の流れになります。

では、次のページで問題の構造を図解してみましょう。

問題の8段構造

目的	最終的なゴール　目指すところ
目標	あるべき姿 目的のための達成レベル（定量的・定性的）
現状	今のレベル（定量的・定性的）
問題	あるべき姿（目標）と現状のギャップ
原因	問題が発生した原因（複数の場合もある）
問題点	対処すべき真の原因
課題	問題解決のためにやるべき事柄 問題点の解消
解決策	課題遂行のための具体的なアクション

目的	海外留学の社内選考にパスする
目標	TOEICで800点獲得する
現状	740点しか取れていない
問題	800点－740点＝60点不足
原因	リーディング力が弱い　リスニング力が弱い 電車の事故で遅れた
問題点	リスニング力が弱い
課題	リスニング力を強化する
解決策	外国人の個人指導を受ける

こうして図解してみると、問題解決の全体像がはっきりとわかります。目的～解決策までには、八つの段階があってかなり複雑です。これを、**問題の8段構造**と言います。**この構造が頭に入っていれば、問題解決している過程でも、今はどこに位置しているのかということを、常にイメージすることができます。**

実は、問題解決にはそれがとても重要で、ただ漠然と問題解決するのではなく、この構造を意識することで、問題解決の力は格段にアップします。

では、この構造をいつも意識して、習慣化するためにはどうすればいいのでしょうか。

たとえば、レストランに入ったらイメージしてみます。今日はお客さんが少ないみたいだな。この店の目的は、永続的な繁栄。そのためには、毎日の売上げで5万円は必要だろう。しかし、どう見ても1日3万円がいいところだ。ということは、2万円不足している。これが問題だ。じゃあ、原因は何だろう？ 味、接客態度、メニュー等々、楽しみながらできる習慣です。

3 問題解決の3ステップ法

本書で紹介しているフレームワークの中で最も重要なのが、問題解決の3要素（ゼロベース思考・コミュニケーション力・問題解決の手順）です。そして、もうひとつが**問題解決の3ステップ法**です。

［ステップ1］　問題を特定する　（目的・目標・現状・問題）

問題が決まらなければ、何もはじまりません。まず、何が問題になっているのかを特定します。

［ステップ2］　原因を究明する　（原因・問題点・課題）

問題には必ず原因があります。問題が発生した真の原因を究明します。

［ステップ3］　解決策を決める　（解決策）

最後は、問題解決に向けた具体的な解決策を決めます。

前項で紹介した問題の8段構造を、三つのステップに括り直したものです。**この手順に沿って問題解決を進めていけば、どんなに複雑で難しい問題も解決することができます。**

まず、問題解決で最初にすることは、問題の特定です。簡単そうに見えて、実はこれが一番難しいのです。3ステップ法の手順で解決策を実行したにもかかわらず、いっこうに問題が解決されないという場合は、問題の特定が間違っているケースがほとんどです。

そもそも問題を間違って捉えていたら、解決策を実行しても何の意味もありません。ですから、まずは問題の特定をしっかりと行ないます。

次は原因の究明です。問題には、必ず原因があります。原因がないのに、突然空から降ってくるような問題はありません。因果関係をしっかりと押さえながら、考えられる原因をいくつもチェックし、真の原因を探り当てます。そして、問題解決のためにやるべき事柄を決めるのがこのステップです。

最後は、問題の解決に向けた解決策を決めます。通常、解決策はいくつか考えます。Aプラン、Bプラン、Cプランと、複数案が基本です。そして、この複数の解決策の中から、問題解決につながる解決策を絞り込み、実行します。

4 あなたの問題を書き出してみる

まずは、問題解決の3ステップ法の「ステップ1　問題を特定する」からはじめます。

ここからは、あなた自身の問題についても考えていきます。

次のページのシート1に、あなたが現在抱えている問題を書き出してください。仕事、プライベートの別は問いません。それに、問題の大小も問いません。全部で10個くらいが目安となります。

最初は「問題とは、あるべき姿（目標）と現状とのギャップであり、解決の意思があり、解決可能なもの」ということを意識しながら書き出してください。

次に、そのような定義は何も意識せず、思いつくまま書き出してください。

今抱えている問題を、すべて書き出すことができたでしょうか。

数は多ければいいというものではありませんが、ひとつの目安として、5～6個以上は書き出してほしいところです。ふだんからまわりに関心を持っていれば、また問題意識を持っていれば、そのくらいの問題にはすぐに気がつくはずです。

逆に、20個も30個もある人は、一つひとつの問題を見比べてみてください。同じようなことを書いているものや、関連がありそうな問題はまとめてみてください。

次に、書き出した問題の内容について見ていきます。

まず、今書き出した問題の中で、コミュニケーションに関連する問題がいくつあったか数

シート
①

あなたが、現在抱えている問題を書き出してください

1.「問題とは、あるべき姿(目標)と現状のギャップであり、解決の意思があり、解決可能なもの」ということを意識しながら書き出してください
2. 次に、そのような定義は何も意識せず、思いつくまま書き出してください

1. --
2. --
3. --
4. --
5. --
6. --
7. --
8. --
9. --
10. --

えてみてください。コミュニケーションそのものの問題や、コミュニケーションが原因で発生した問題です。おそらく、どんなに少ない人でも、2、3個はあるはずだし、多い人になると、7割8割という人もいます。やはり、コミュニケーション関連の問題は圧倒的に多いのです。

前述のコミュニケーションの項でも触れましたが、コミュニケーション力があれば、問題は発生せず、すぐに問題解決ができるし、まわりの人も協力してくれます。

ですから、ぜひそのことを思い出して、一度あなたのコミュニケーションスタイルを見直してみてください。それだけで、今あなたが抱えている問題のいくつかを解決できるかもしれません。

内容についてもうひとつ。もし、あなたが書き出した問題を家族や同僚に見せたとして、相手はその内容をすぐに理解できるような文章表現になっているでしょうか。チェックしてみてください。可能であれば、実際に誰かに見てもらうのが一番ですが、それが無理なら自己チェックでもかまいません。

「納期ミスが多発している」「部下が言うことを聞かない」「売上げが落ちている」「娘の態度がなっていない」「新聞の字が小さすぎる」といった表現になっているとしたら、それはまだ、問題として完成されていないということになります。要するに、問題が具体的な形で特定されていないということです。

こうした問題は、問題を抱えている本人がわかっていればそれでいい、ということでもないのです。やはり、誰が見ても誤解がないような表現にする必要があります。

「納期ミスが多発している」と言っても、どの商品で起こっているのか、どんな納期ミスなのか、どの程度頻発しているのか、さっぱりわかりません。

そこで、問題の特定の仕方について次の項で紹介します。

5 問題は具体的な文章にまとめる

問題を特定せず、あいまいな状態のまま問題解決をスタートさせることはしないでください。問題があいまいだと、原因究明も中途半端で、解決策を実行したところで何の改善も見られない、ということにもなりかねないからです。

たとえば、「年々、在庫が増えている」という問題を抱えている電気部品メーカーがあったとします。危機感を持った社長は、工場長をはじめ幹部社員全員にメールを送りました。「今、うちの工場では在庫の増大という問題を抱えている。しかも、その在庫は年々増える一方だ。何とかしてこの問題を解決しなければならないため、明日13時から緊急会議を行なうことにした。そのときまでに、各自解決プランを用意しておくように」

翌日、会議室に集められた、社長以下6人のメンバーで会議がスタートしました。さすがに優秀な社員が多く、さまざまな意見が出てきます。しかし、話が進むにつれて、どうも話がかみ合っていない、と感じられる場面がしばしば見受けられるのです。

社長からは、「君たち、わかっているよな。今話し合っている問題は、工場で発生している仕掛在庫の増大という問題だぞ」という言葉。

「えっ、社長。そうだったんですか。てっきり、製品在庫の増大の件だと思って話していました。これまでに、何度も問題になってきたことなので」「私もです、社長！　すみません」

この時点で、お互いの食い違いが判明しただけラッキーでした。このまま会議を続けて、何となく原因を究明し、何となく解決策を決めていたら、とんでもないことになっていたかもしれません。

「問題を特定できれば、半ば解決したも同じ」という言葉があるくらい、問題を特定するということは大切なステップです。

では、どうやって問題を特定するかというと、**問題はステートメントで特定します。**

ステートメントとは、宣言という意味です。できるだけ具体的に、細かく表現して、誰が

見ても理解できるように、「〜に〜の問題が発生している」という文章にして宣言します。

そのためには、次の二つの要素を考えます。

・問題の対象は誰なのか（何なのか）？

・何が問題なのか？　どんな問題が発生しているのか？

このように、問題の対象と、その内容を具体的にすることで、問題を特定していきます。

先ほどの例で言えば、「年々、在庫が増えている」ではなく、「船橋工場のA商品のラインに、前年比25％の仕掛在庫増加の問題が発生している」というように、具体的に表現します。

「売上げの低下」であれば、「広尾支店のB商品に、売上低下の問題が発生している」といった表現に、あるいは「銀座支店のC商品に、月間目標10％未達の問題が発生している」といった表現になります。

では、ここで例題です。次の二つの問題をステートメントで特定してください。その際、細かな状況設定は自分で決めてください。

・「社内コミュニケーションの悪化」

・「自分たちの会社が、社会的に認知されていない」

たとえば、こんなステートメントが考えられます。「社内コミュニケーションの悪化」で

シート

②

シート1で書き出した問題から三つ選び、ステートメントで問題を特定してください

1.

2.

3.

あれば、「営業部門と生産部門との間に、コミュニケーション不足の問題が発生している」

また、「自分たちの会社が、社会的に認知されていない」であれば、「自社に、認知率調査結果の目標に対する乖離30％の問題が発生している」

それでは、あなた自身の問題をステートメントで特定してもらいます。シート1で書き出した問題の中から三つ選び、ステートメントで問題を特定してください。

6 隠れている問題を見つけ出す

私たちが直面する問題は、発生問題と発掘問題に分けて考えることができます。

すでに問題が発生していて、しかもそれが問題だと認識しているのが発生問題。また、問題が発生しているにもかかわらず、問題だと認識していない発掘問題の二つです。

では、くわしく見ていくことにしましょう。

発生問題【すでに発生していて、それを認識している問題】

すでに発生している問題で、なおかつ見えていたり感じていたり、気づいている問題のことです。たとえば、お客様との間で納期遅れの問題が発生している、提供しているサービスの質が低下している、交通事故が発生した、息子がいつも学校に遅刻している、などといったことです。

このように、顕在化された問題であり、とくに意識していなくても認識することができます。つまり、みなさんが本書のシート1で明らかにした問題は、すでに発生していて、認識もしているため、発生問題ということになります。

発掘問題「すでに発生しているが、認識していない問題」

すでに発生しているが気づいていない問題や、はっきりとは見えていない問題のことです。こうした問題は、表明化していない潜在的な問題なので、積極的に探しにいかないと見つけ出すことはできません。

つまり、問題意識がないと、なかなか発掘することができないのです。

また、当然のことですが、問題と認識していないため、解決のための手段は何も講じられていません。ということは、知らない間に問題が進行して、ある日突然大きな問題となって表面化してしまう恐れもあります。

こうして見てみると、発掘問題は発生問題に比べて、断然危険度が高い問題ということがわかります。大きな問題になる前に見つけ出して、何らかの手を打つ必要があります。

たとえば、急成長している語学スクールのフランチャイズがあったとします。全国展開しているその語学スクールには、すでに50のスクールが加盟しています。本部に対するロイヤリティは売上歩合方式で3％と、かなり低い水準です。そして、この水準の低さがこれまでの急成長を支えてきたカギだったのです。

しかし、ここにきて本部の方針転換があり、今後1年かけて、ロイヤリティを3％から15％まで一気に引き上げるというのです。ここで、サポート体制に不満を持っていた一部のオーナーから声が上がりましたが、本部は聞く耳を持ちません。

その結果、業を煮やしたそのオーナーを中心に、10を超えるオーナーが結束して脱会し、新しいフランチャイズ設立に動き出してしまったのです。

そして、このような騒動によって、本部の売上げは急降下し、評判も落としてしまうことになりました。

いかがでしょうか。いかにもありそうな話です。

では、こうなる前になぜ手を打てなかったのでしょうか。サポート体制に不満を持っていたオーナーがいたわけで、その時点で問題に気がつき、何らかの対処をしていれば結果は違っていたかもしれません。

このように、表面化している問題を解決するだけではなく、隠れている問題を見つけ出して、それを解決していくことも大事なことだということがわかります。むしろ、隠れている問題を解決することのほうが、長期的に見て重要なことかもしれません。

そこで、隠れている問題を見つけ出す具体的な方法については、次章でSWOT分析や問題発見の4Pなど、いくつかのフレームワークをご紹介します。

その前にもうひとつ。

実は、発生問題と発掘問題の他に、**成長問題**というのがあります。これは、まだ発生していない問題で、認識もされていません。自分や会社にとって、成長や発展につながるように、あるべき姿（目標）を高く設定して、意識的に作る問題のことです。

業績が絶好調の今の時期に、次の柱となる新しい事業を立ち上げる。マネージャー昇格にはTOEICスコア500点でいいが、将来課長になるためのことを考えて、今から目標を600点に置いて勉強する。あるいは、会社から言われている毎月の売上目標1000万円はすでに達成しているため、個人的に売上目標2000万円にして意識的に問題を作っている。こうした、ポジティブに捉える問題のことです。

ぜひ、成長問題も積極的に作り出してください。

7 これは、誰が解決する問題ですか？

同じ現象でも、立場や見方が違えば、まったく異なったものに見えることがあります。

たとえば、突然雨が降ってきたとします。すると、「今日は、傘持ってきていないのに嫌だなぁ。仕方がない、ビニール傘でも買うか」と考えます。数百円とはいえ、痛い出費です。

一方、コンビニやドラッグストアの立場から見たらどうでしょうか。雨だから、傘が売れてラッキーということになります。立場の違いによって、同じ雨が降ってきたという現象でも、まったく違って見えるものです。


これは、問題を捉えるときも同じです。

会社で言えば、営業部門とサービス部門など、立場の違いによって問題も変わります。

営業部門の立場から見ると、「サービス部門の質が低下して、お客様の評判が悪いことが問題だ」と思っているし、逆にサービス部門から見ると、「できないとわかっているはずなのに、営業が勝手にお客様と約束してしまうことが問題だ」と思っています。

これは、それぞれがそれぞれの立場で問題を捉えているからです。

ですから、問題解決にあたっては、どの立場から見た問題なのかを常に意識しておくべきです。それによって、解決までのステップに大きな違いが生じてくるからです。

それからもうひとつ、誰の問題なのかをはっきりさせておきます。**要するに、誰の問題で、誰が解決するのかを決めておくということです。**

仮に、ひとりで仕事をしている個人事業主であれば、すべて自分の問題を自分で解決するという意識があるでしょう。しかし、組織で仕事をしていると、そうもいきません。

会社組織で仕事をする最大のデメリットは何でしょう。それは、組織が大きくなるにしたがって、責任の所在が不明確になることです。会議でいろいろ決まったものの、担当者を決めていなかったために、結局何も進んでいないということは日常的によくあることです。「この問題は、誰かが解決してくれるだろう」という姿勢ではダメなのです。

MSGで言えば、M（無視する）に陥らないように、誰の問題かを決めておかなくてはなりません。問題解決には、自分の問題として認識し、責任を持って積極的に対処する姿勢が求められるのです。

8 問題には優先順位をつける

不思議なもので、トラブルや問題は一時に集中する傾向があります。そして、そういう場合、どこから手をつけていいのかわからなくなります。

何となく、一番大きそうな問題から取り組んでみたり、逆に簡単そうな問題から片づけてみたり、感覚的な判断で対処しているケースが多いのではないでしょうか。しかし、それだと、本当に解決すべき問題を後回しにしてしまい、その間に問題をさらに大きくしてしまう可能性があります。

そこで、**問題には優先順位をつけて取り組むようにします**。感覚ではなく、論理的、合理的に判断して優先順位をつけます。

優先順位を考える方法として、重要性と緊急性のマトリックスを作り、その四つの象限に問題を当てはめて判断します。要するに、次の四つの問題に分類するわけです。

1　重要性が高く、緊急性も高い問題
2　重要性が高く、緊急性は低い問題

3　重要性が低く、緊急性は高い問題
4　重要性が低く、緊急性も低い問題

この中で最も優先順位の高い問題は、「1　重要性が高く、緊急性も高い問題」です。逆に、優先順位の一番低い問題は、「4　重要性が低く、緊急性も低い問題」ということになります。これについては、みなさんも同じ意見でしょう。

迷ってしまうのは、2番目と3番目ではないでしょうか。では、どちらを優先するべきか、ということになりますが、基本的には「2　重要性が高く、緊急性は低い問題」のほうが優先順位は高くなります。

なぜでしょうか。それは、たとえ今は緊急性が低くても、時間の経過とともに緊急性が高まり、重要性ばかりか緊急性も高い問題になってしまう可能性があるからです。

「やらなければいけない、とわかっているけれど、まずは目先の問題から」というように、私たちは、どうしても重要性より緊急性に対して敏感に反応する傾向があります。もちろん、緊急性の高い問題への対応も必要ですが、それ以上に、重要性に対して目を向けるように心がけるべきなのです。

さて、優先順位をつけるには、重要性と緊急性の二つの視点で十分ですが、あえてもうひとつ、拡大性という視点を加えてみます。拡大性とは、このまま放置することによって、拡大、縮小することを言います。

重要性の高い問題とは、経営の根幹に関わるような問題や、その問題が解決しないと、他のことが前に進まない問題のことです。何も対処せずに放置していたら、問題は拡大していくことでしょう。ということは、重要性の中に、ある程度拡大性の意味も含まれている、ということです。

しかし、ここでは意識的に拡大性を重要性から切り離して、**重要性、緊急性、拡大性の三つの視点で優先順位をつけることにします**。そうすることによって、優先順位の精度がより高くなります。

それでは、シート1で書き出した問題に優先順位をつけてみてください。

それぞれの問題を、重要性、緊急性、拡大性で評価して優先順位をつけます。評価の仕方としては、高いものから順に、◎○△×の4段階で評価します。そして、その評価結果から優先順位の高い問題を、ひとつないし複数抽出します。

そこで抽出した問題を、今度はステートメントで特定します。すでに、シート2で特定している場合はその必要はありません。こうして、あなたが取り組むべき問題が決まります。

シート

③

シート1で書き出した問題に優先順位をつけてください。

1. 重要性、緊急性、拡大性の高いものから順に◎○△×の4段階で評価してください

2. 次に、評価結果から優先順位の高い問題を抽出し、ステートメントで問題を特定してください

あなたの抱えている問題	重要性	緊急性	拡大性
1.			
2.			
3.			
4.			
5.			
6.			
7.			
8.			
9.			
10			

ステートメント：

問題発見のフレームワーク

chapter 5

1 SWOT分析で問題を見つけ出す

隠れている問題を見つけ出すためのフレームワークに、SWOT分析があります。問題を見える化するのに便利なツールです。**ひとつのテーマを取り上げて、「強み」「弱み」「機会」「脅威」という四つの視点を使って、垂直方向に深堀していきます。**

強み／Strengths
今、持っているよい点　他に比べて優位性のある点　これまで成長のベースとなった強み
弱み／Weaknesses
今、持っている悪い点　他に比べて優位性のない点　これまで成長の妨げとなった弱み
機会／Opportunities
今後の成長にとって好ましい機会
脅威／Threats
今後の成長にとって好ましくない脅威

企業で言えば、「強み」「弱み」は、ヒト・モノ・カネ・情報といった内部要因についての

洋菓子店「パティスリー・イマニシ」のSWOT分析

	内部要因	外部要因
良い点	強み／Strengths 無添加の素材を使っている 季節に応じた新商品開発 カロリーを抑えた野菜ケーキが人気 リピーターが多い	機会／Opportunities 健康志向が高まっている 雑誌の取材が増えている 隣に大型タワーマンションと幼稚園が建設予定 スイーツ好きの男性が市長に当選した
悪い点	弱み／Weaknesses 値段が高い よく欠品が出る 店舗が老朽化している 好き嫌いがはっきりしている味	脅威／Threats 駅前にケーキ屋ができた コンビニがスイーツに力を入れている 近隣の人口が減っている 野菜の値段が上がっている

情報です。そして、「機会」「脅威」は、顧客・競合他社・経済環境・規制・法律といった外部要因についての情報ということになります。

このように、四つに分類、整理することで、今まで気がつかなかった問題を見つけ出すことができます。プライベートから仕事（個人、部門、会社全体）まで、幅広く使うことができるフレームワークです。

ある街の洋菓子店「パティスリー・イマニシ」のSWOT分析で具体的に見ていきます。

ここで、フレームワークを使う際の注意点についてお話ししておきますが、まずは、初めからうまく使いこなそうとはしないことです。こうしたフレームワークを使っていると、どうやって使ったらいいのか、悩む場面が必ず出てきます。しかし、悩むことに時間を取られるくらいなら、不十分な状態でもいいからとにかく使ってみて、前に進めてみることです。

たとえば、ＳＷＯＴ分析を使って自社の問題を発見しようとするとき、「会社の規模が小さい」というのは強みになるのでしょうか、それとも弱みなのでしょうか。

これには正解はありません。それぞれの会社によって、経営戦略は異なります。お客様に対して、きめの細かいフォローと迅速な対応を掲げている会社であれば、規模が小さいというのは強みになるかもしれません。

一方、３ヶ年計画の中で全国均一のサービス提供を目指している会社であれば、規模が小さいことは弱みになるかもしれません。

さて、ＳＷＯＴ分析の手順ですが、前頁のパティスリー・イマニシのＳＷＯＴ分析のように強み、弱み、機会、脅威をそれぞれ思いつくままに書き込みます。このとき大事なのが数です。できるだけ、たくさん書き込みます。こんなことを書いてもいいのかな、と思うようなことでもけっこうです。どんどん書き込んでいってください。そのうち、強みなのか弱みなのか、機会なのか脅威なのか、迷うものが出てきますが、そういうときは両方に書き込んでください。
フレームワークは単なるツールですから、きれいなSWOT分析ではなく、使えるSWOT分析を目指してください。ここでは、ある程度の割り切りも必要です。
SWOT分析を完成させたら、後は全体を俯瞰して問題を抽出していくわけですが、こうして情報を整理するだけで、今まで気がつかなかった問題を認識することができるようになります。「よく欠品が出る」「好き嫌いがはっきりしている味」といった問題などは、単に情報を整理するだけで抽出することができます。
そして、次にやるのは組み合わせです。「強み」「弱み」「機会」「脅威」の四つの視点を組み合わせることによって、さらに隠れている問題を見つけ出します。
「強み」＋「機会」　人気の野菜ケーキは、幼稚園児には受け入れてもらえない
「弱み」＋「機会」　店舗が老朽化しているため、おしゃれ志向のタワーマンションの住人には受け入れてもらえない
「強み」＋「脅威」　多くのリピーターが、駅前の新しいケーキ屋に流れる
たとえば、こんな具合です。
もちろん、抽出した問題は、この後ステートメントを行なってください。

2 軸で捉える問題発見の4P

問題発見の4Pとは、SWOT分析とはまた違ったアプローチ方法で、問題を四つの軸で捉えるフレームワークです。この軸で物事を見直すことで、今までとは違った新たな問題発見が可能となります。

Purpose【目的軸】

問題の8段構造の中でも紹介した通り、目的がすべてのスタートになります。ですから、そもそも目的は何か、を見直してみます。

たとえば、社内に生産性向上委員会という組織があって、毎月1回の定例会議を行なっていたとします。最初のうちは活発な意見も出ますが、いつの間にか組織は形骸化して、非生産的な議論ばかりが続くということがあります。これは、本来の目的が忘れられ、会議を行なうこと自体が目的になっていくからです。何のための会議なのか、改めて目的を見直すことで新たな問題が見えてきます。

このように、日々忙しく動き回っているうちに、本来の目的を忘れてしまい、ふと立ち止まって考えると、「何のためにやっているんだろう」と疑問に感じることはよくあることです。

仮に、10年前から同じやり方で行なっている業務があったとしたら、この機会にぜひ見直してみてください。「この業務の目的は、いったい何だったのか？」と。

今改めて考えると、まったく意味のない業務だったり、もっと効率のよいやり方があるなど、思わぬ発見があるはずです。もちろん、プライベートでも同じです。

Position【立場軸】

この問題は、誰にとっての問題なのかを考えます。

営業部門とサービス部門など、立場の違いによって問題が変わってくるというお話は、すでにしました。自部門の問題には気がつかなくても、他部門の問題はよく目につくものです。ですから、立場の違う他部門から意見を聞くという手もあります。

また、マーケティングの4P、4Cの実例もお話ししました。4Pとは、企業の立場から見たマーケティングの分類方法で、4Cは顧客の側から見たものでした。

要するに、立場によって同じ現象も違って見えてくるということです。立場を変えてみたり、反対の立場から眺めてみることも、問題発見には必要なことです。

Perspective［空間軸］

全体を俯瞰することで、どこで発生している問題なのか、場所や空間を意識します。

また、自分の守備範囲を超えたところに広く視野を持つということも、問題発見には欠かせません。どんな仕事も、他人に影響を与えて成立しているからです。

そこで、すぐにでも実践できることで言えば、自部門と関わりのある部門、たとえば業務の流れ上、隣の部門ではふだんどんな業務を行なっているのか、を知ることです。とても身近でありながら、これまであまり理解していなかった分野についても視野を広げることで、新たな発見があるかもしれません。

Period［時間軸］

問題は、時間の経過とともに変化します。過去、現在、未来のいつの時点での問題なのか、とくに未来について意識します。

私たちはどうしても、今現在発生している問題だけに捉われがちです。何らかの対処をしなければならない問題だからです。

一方、過去の問題は喉元過ぎれば何とやらで、あまり気にもなりません。未来の問題についても、まだ発生していないため関心がありません。しかし、将来に問題は発生しているのか、ということを意識することで、現実的な問題発見が可能になります。

たとえば、1週間後にお得意先に対して大事なプレゼンをする必要があったとします。にもかかわらず、そのための準備はまだできていません。プレゼンまで1週間という余裕があるため、今の時点では問題発生ではないからです。

しかし、これが2日たち3日たち、プレゼン前日まで何の準備もされていなかったらどうでしょうか。これは、明らかに問題です。しかし、時間軸を将来（プレゼンの前日）にずらすことによって、問題発見につながるのです。


こうした問題発見の4PのPは、すべてつながっています。ですから、それぞれのPを単体で捉えるだけでなく、全体のつながりの中で考えてみるといいでしょう。

3 戦略上の問題は3Cで見つけ出す

戦略上の問題を発見するフレームワークとして、戦略の3Cが役に立ちます。通常は、企業が戦略を練る際に用いるもので、とくに新しい事業や商品サービスを展開する場合に有効です。

Customer【顧客、市場】

まず考えるべきことは、顧客や市場のことです。ターゲットは本当に正しいのか、魅力的な顧客、魅力的な市場なのか、を考えます。具体的には、市場の大きさ、今後の成長性、顧客ニーズ、潜在顧客について分析することになります。

たとえば、顧客のニーズを考えた場合、これまでは営業担当者から上がってくる情報が唯一だったとします。しかし、それだけで本当に十分な顧客ニーズを吸い上げられるのか、他に方法はないのかを考えることで、隠れている問題が浮かび上がってきます。

Competitor【競合】

すでに、その市場にある競合他社の状況、強みや弱みなど、そして、新たに参入する可能性のある潜在的な競合他社の状況などを分析します。また、勝ち組の成功要因についても分析します。問題の見つけ方としては、まず勝ち組競合他社の成功パターンを知ることで可能となります。

Company【自社】

顧客、市場、競合を単体で分析することで問題抽出はできますが、自社の状況と比較することで、さらに問題がはっきりと見えてきます。

そのためには、日頃からSWOT分析などを使って、自社の強み、弱み、そして経営資源（ヒト、モノ、カネ、情報）について整理しておくことが大切です。

たとえば、パティスリー・イマニシでは、新商品として天然素材のダイエットクッキーを売り出そうとしています。そこで、競合他社の状況を見てみると、駅前のル・パティシェ・ミウラでは、すでに同様のクッキーを売り出していて、行列ができるほどの評判のクッキーとして、マスコミにも登場しています。つまり、勝ち組競合他社ということです。

そこで、徹底的にル・パティシェ・ミウラの状況を分析し、自社、つまりパティスリー・イマニシの状況と比較することで、はっきりとした形で問題を抽出することができます。

4 まだある問題発見のフレームワーク

これまで紹介してきたSWOT分析、問題発見の4P、戦略の3Cの他にも、問題発見に応用できるフレームワークはたくさんあります。ここでは、三つご紹介します。

PPM分析

ボストン・コンサルティング・グループによって考案された考え方で、企業の経営資源配分を行なう際に有効なのはフレームワークです。実際の使い方は、次の四つの視点でマトリックスを作成し、自社の商品（サービス）をプロットし、資源の配分を検討します。

「金のなる木」＝文字通り、企業にとって収益の柱になる商品。ただし、市場の成長性は鈍化しているため、大規模な投資は必要ない。成熟している商品

「花形」＝収益は上がっているものの、市場は成長しており、投資も必要とする商品。金のなる木に育てる必要がある

「問題児」＝市場は成長しているが、投資が不足している商品。今後、花形に育てるべきか、撤退すべきかの見極めが難しい商品

「負け犬」＝市場の成長性も望めないし、シェアも取れていない撤退すべき商品

5Forces分析

マイケル・E・ポーターによる五つの競争要因のことです。新規参入業者、代替品、売り手（供給業者）、買い手（顧客）、競争業者、この五つによって業界の収益性が決まり、それによって、自社のポジショニングを考えることになります。

バリューチェーン分析

直訳すると、価値連鎖ということです。企業活動を、原材料の調達からはじまって、製造、販売、そして顧客による消費といった、一連の流れとして捉える考え方で、その中で競合に対する優位はどこにあるのかを分析します。これも、マイケル・E・ポーターによって提唱された考え方です。

こうしたフレームワークを駆使して、これまで隠れていた問題を発見してください。

必要な情報を
収集する

chapter 6

1 情報はどこから収集するのか

4章、5章では、「問題解決の3ステップ法」の第1ステップ、問題を特定することについて見てきました。ステートメントで問題を特定し、そして取り組むべき問題に優先順位をつけていきます。また、隠れている問題については、さまざまなフレームワークを使って見える化する、ということでした。

さて、こうして解決すべき問題が決まったら、「問題解決の3ステップ法」の第2ステップ、原因の究明に入ります。そこで、まずは原因究明に欠かせない情報収集とその分析を行ないます。

情報収集の方法には2種類あって、ひとつは、すでに一般に公開されている情報を自分自身で集めるという方法です。

インターネットを使ったり、新聞、書籍、会社案内、四季報、ＩＲ情報、政府刊行物、社内データなどで調べます。こうした情報をセカンダリデータ（二次情報）と言い、コストもかからず、比較的入手しやすいのが特徴です。なかでも、最も手軽なのはインターネットを使った情報収集ですが、その際の注意点は2章で述べた通りです。

セカンダリデータの情報は大量にあるため、取捨選択が必要です。効率よく情報収集するなら、過去に同じような問題を抱えていた他の事例や、今成功している他の事例を中心に集めることです。


情報収集の方法の二つ目は、人に聞くことで直接情報を収集することです。こうした情報をプライマリデータ（一次情報）と言い、何らかの行動を起こすことで人から引き出します。

基本となるのは、問題が発生した周辺に位置する人から直接話を聞くという方法ですが、具体的な方法については、これ以降の項でお話しします。

その他、アンケートを取ったり、テストマーケティングによる情報なども含まれます。前述しましたが、ネットであれば、ＳＮＳやＴｗｉｔｔｅｒを使ってユーザーから意見を吸い上げたり、アンケート調査を行なったりします。自らの手で情報を集めるわけですから、手間はかかるものの情報の信ぴょう性という意味からすると、セカンダリデータに比べて格段に高くなります。

もっとも、セカンダリデータに限らずプライマリデータにしても、ある程度のバイアスがかかっていることは承知しておいてください。

2 情報収集の基本は5W2H？

原因究明には欠かせないプライマリデータの収集ですが、直接間接を問わず、誰かに聞いたり、質問をすることが基本になります。そして、**そんなときに役に立つフレームワークが5W2Hです。質問内容を考える場合のチェックリストとして使ったり、集めた情報を整理するのに使います。**

実は、5W2Hの他にも、5W1Hや、6W2H、6W3Hなど、同じようなコンセプトのフレームワークがいくつかあります。どれを使うべきか迷うかもしれませんが、まずは自分が使いやすいものを選べばいいでしょう。

さて、5W2Hとは次の通りです。

When…いつ
Where…どこで
Who…誰が
What…何を
Why…なぜ

How…どのように
How much…どれだけ

問題解決のステップの中で最も重要なことは、問題を特定することです。そして、その次に重要なのが、この情報収集のステップなのです。

情報収集には、かなりの手間と時間がかかります。また、とても地道な作業です。すぐに結果が見えないため面倒くさいと思うこともあるし、一番手を抜きたくなるところでもあります。

だからこそ、ここをしっかりと行なうことで、次の「原因究明」「解決策」にスムーズに移行することができます。いざ、解決策を実行する段階になって、集めた情報が間違っていた。そのおかげで原因究明は的外れ。もちろん解決策も、ということになってはたいへんだからです。

ひとつの例で考えてみましょう。

ある自動車販売会社の麻布支店で、ここ数ヶ月間売上不振が続いていたとします。

そこで、まずはステートメントで問題を特定します。「〜に、〜の問題が発生している」

5W2Hで情報収集する

When（いつ）	「電話営業の時間帯と、訪問営業の時間帯はいつか?」
Where（どこで）	「どういう顧客を訪問しているか?」
Who（誰が）	「各セールスパーソンの担当エリアは?」
What（何を）	「どの商品に力を入れて営業しているか?」
Why（なぜ）	「どうして、その商品なのか?」
How（どのように）	「具体的な営業方法は?」
How much（どれだけ）	「各セールスパーソンの営業実績は?」

という具体的な文章にして表現するわけですから、この場合「麻布支店に、月間売上目標15%未達の問題が発生している」となります。これで問題が特定できました。

次に、原因究明のための情報収集を開始します。手はじめに、麻布支店と青山支店の過去6ヶ月間の営業活動について洗い出し、比較してみることにしました。

ちなみに、青山支店は毎月コンスタントに売上目標をクリアしている優良店です。

このように、5W2Hに沿った質問をぶつけることで、必要な情報をモレなく集めることができます。

それから、情報収集は手間と時間がかかるだけでなく、とても難しい作業でもあります。

人にはそれぞれ好みがあります。関心のあるものもあれば、そうでないものもあります。これは情報収集も同じで、人は無意識のうちに、自分の関心のある情報ばかりを集める傾向があります。しかし、それでは真の原因究明はできないし、偏った情報のおかげで的外れな原因究明をしてしまうこともあり得ます。

たとえば、営業企画のAさんと、販売部のBさんが口論をしていたとします。営業企画に所属しているあなたなら、どうするでしょうか?

同じ部署のAさんからしか話を聞かず、一方的にBさんを悪者にしてしまう、ということがあるかもしれません。本来なら、Bさんからも話を聞いて公平な立場で原因究明をすべきところですが、現実にはなかなかそこまでしません。

ですから、そういう意味でも5W2Hのようなフレームワークに照らし合わせることで、客観的で偏らない、役に立つ情報収集が可能になります。

3 仮説を立てて聞き出す

情報収集にはじっくりと時間をかけたいところですが、なかなかそうもいきません。上司からは、「必要な情報は集まったのか」「原因究明はできたのか」と責め立てられることもあるでしょう。待ったなしで問題解決を求められることもしばしばです。関連情報がすべて出揃ってから原因究明を行なうことができればベストですが、いつになればすべて集まるのかわからないし、何と言っても今はスピードの時代です。

そこで必要になってくるのが、仮説思考です。仮説を立てて相手に質問することで、効率的に情報収集することができ、大幅なスピードアップが図れます。

先ほどの、麻布支店の売上不振を例にとって考えると、まず最初に仮説を立てます。

本格的な情報収集を行なう前に、すぐに手に入る麻布支店の情報から、売上不振の原因を考え、いったん仮の答えを出すのです。

情報を分析した結果、6ヶ月前に支店長が変わっていることがわかったとします。トップが変われば、営業方針も変わるし、組織の運営の仕方も変わります。それが原因で売上不振に陥ったのではないか、と当たりをつけるわけです。これが仮説になります。

そうなると、質問の内容も当然違ってきます。「支店長が変わったことが、売上不振の原因である」という、仮説を検証するための質問が中心になります。

情報は、ただやみくもに集めても意味がありません。このように、立てた仮説が正しいかどうかを検証するために、必要な情報を収集することに専念します。

仮説を立てて聞き出す

When（いつ）	「支店長が変わった時期はいつか?」 「業績が落ちはじめた時期はいつか?」
Where（どこで）	「支店長が変わった後、訪問先の見直しはあったか?」
Who（誰が）	「支店長が変わった後、担当エリアの変更などはあったか?」
What（何を）	「支店長が変わった後、戦略商品に変更はあったか?」
Why（なぜ）	「どうして、その商品なのか?」
How（どのように）	「支店長が変わった後、営業方法に変更はあったか?」
How much（どれだけ）	「過去1年間の各セールスパーソンの営業実績は?」

ここでポイントなのが、最初に立てる仮説の精度は、それほど高くなくてもいいということです。検証を進める過程で精度を上げていけばいいことだし、極端に言えば、仮説は間違っていてもかまいません。後から修正を加えればいいことで、まずは、自分なりの仮説を持つことです。

では、仮説の精度を上げたり、修正を加える具体的な方法ですが、それは仮説サイクルを回すことで可能となります。

仮説サイクルとは、問題意識を持って自らの問題として認識し、問題が発生した原因の仮説を立て、その仮説が正しいかどうかの検証を行ない、誤りがあれば修正を加えるというサイクルのことです。要するに、次の四つのサイクルを回すことを言います。

サイクル1＝問題意識、当事者意識を持つ
サイクル2＝今ある限られた情報から仮説を立てる
サイクル3＝その仮説を検証するための情報収集&分析を行なう
サイクル4＝仮説の正否を判断して、誤りがあれば修正する

とくにサイクル3では、自分の仮説が正しいことを証明するための情報収集ではなく、仮説が正しいかどうかを検証するための情報収集であることを常に意識します。

1～4のサイクルが終わったら、再び2に戻って何度かサイクルを回していくことで、原因究明を行なっていくのです。

たとえば、あなたは数日前から胃に違和感があり、病院に行ったとします。

しかし、いきなり受付で、「では、精密検査をしましょう」とはならないはずです。まず、専門医による問診からはじまります。「いつから違和感がありますか」「痛みはありますか」「これまで、胃の病歴はありますか」などと聞かれます。

医者は、こうして問診によって集めた情報を基に、胃に違和感を覚える原因が胃潰瘍ではないかと仮説を立てるわけです。

次に、この仮説を検証するために内視鏡を使った精密検査を行ない、さらにくわしい情報を集め、胃潰瘍かどうかの判断をします。胃潰瘍であることがわかれば治療をすることになるし、胃潰瘍でないとわかれば、仮説を立て直して別の検査を行なうことになります。

このように、仮説サイクルを回すことで原因究明を行なっていくのです。

4 上手な質問の仕方

プライマリデータの収集、とりわけ人から直接話を聞いて情報収集をする場合には、質問が欠かせません。質問を投げかけ、それに答えてもらうことで情報を得るわけです。

ところで、**質問には2種類あります、クローズド質問とオープン質問です。**

クローズド質問とは、限定された質問や「YES・NO」で答える質問のことで、「AとBのどちらが好きですか?」「明日、外出の予定はありますか?」「先月の売上目標は達成できましたか?」など、限られた答えが返ってくる質問のことです。

オープン質問とは、相手が自分の言葉で自由に答えることができる質問のことで、「なぜ、Aが好きなのですか?」「どんな所に出かけることが多いですか?」「先月の売上目標が達成できなかった原因は、何だと思いますか?」など、答えの自由度が高い質問のことです。

質問する際には、この2種類を織り交ぜながら行なっていきますが、とくに、原因究明の際の情報収集では、クローズド質問が中心になります。

なぜなら、原因究明にとって事実情報の収集が最も大切だからです。「3ヶ月前に担当エリアの変更が行なわれた」「戦略商品がZ商品からY商品に変更された」といった、事実情報の積み重ねが原因究明に直結します。

しかし、だからと言ってクローズド質問ばかりでは、質問される側にとってはかなり窮屈です。そこで、ときおりオープン質問を取り入れてみます。

「支店長は、どうして担当エリアの変更をしたんでしょうかね?」「なぜ、戦略商品を変更する必要があったと思いますか?」といった質問をすることで、相手は自分の言葉で答えることができ、少しリラックスすることができます。

オープン質問をする目的はもうひとつあって、それは、仮説を立てる際のヒントを得る、ということです。問題の近くにいる人の意見ですから、かなり参考になります。

このように、クローズド質問とオープン質問をうまく使って、情報収集を進めていきます。それでは、質問の際の留意点をいくつかまとめておきます。

【留意点1】 何のための質問なのかをはっきりさせる

質問する相手に対しては、何のために質問するのかを、前もって伝えるべきです。「麻布支店の売上不振の原因を究明するためにお聞きしたい」と伝え、質問をはじめます。

こうすることで、相手は質問の目的を理解したうえで、的確な情報を提供してくれるはずです。

それから、極力「あなたは～」ではなく、「わたしたちは～」を使うようにします。「あなたの所属している麻布支店では～」と言われるより、「私たちの会社の麻布支店では～」と言われるほうが、質問者、つまりあなたに対して親近感を持ってもらうことができるからです。

【留意点2】　事前準備、質問項目は用意しておく

行き当たりばったりの質問、あるいは、とりあえず会ってから話の流れでいろいろと聞こう、という姿勢はダメです。質問項目は事前に準備しておくべきです。また、時間的な制約を受けることもあるため、あらかじめ、質問項目には優先順位をつけておきます。

ここでは、できる限り具体的な質問をします。相手の答えは、質問の内容によって変わります。あいまいな質問には、あいまいな答えしか返ってきません。あなたの聞きたい情報を得るための、的確で具体的な質問を用意しておきます。

【留意点3】　事実と憶測・判断を区別する

情報収集の基本ですが、事実と憶測・判断を混同しない、ということです。クローズド質問では、主に事実情報が収集できます。一方、オープン質問では、主に相手の憶測・判断・意見を吸い上げることになります。ですから、情報を整理する際には、この二つをはっきりと区別しなければなりません。

たとえば、「イチゴのショートケーキが10個あります」というのは事実情報ですが、「とてもおいしそうなイチゴのショートケーキが10個あります」というのは、〝とてもおいしそうな〟という意見が含まれているし、事実かどうかはわかりません。

【留意点4】　質問の4大原則を使う

質問の際は、ぜひこの質問の4大原則を使ってください。

まず、**「うなずく」**ことで相手に対して、「話を真剣に聞いています」というメッセージを送ることができます。それによって、こちらの質問に答えやすい状況を作ることができます。

また、**「あいづちを打つ」**ことで、うなずきの効果も倍増します。「なるほど」「そうですね」「よくわかりました」など、こうしたあいづちを連発してください。

「相手を見る」、つまり相手の目を見て話を聞くことで、こちらの誠意を伝えることができます。

そして、最後は**「メモを取る」**ことです。聞き間違いや聞き漏れを防ぐだけでなく、真剣に聞いているという態度を示すことでもあります。

質問に答えてもらうことは、その間は相手の時間を拘束することになります。ですから、相手に対して敬意を払い、「貴重なお時間をありがとうございます」という気持ちで臨んでください。

5 常にMECEで考える

問題解決には欠かせない概念のひとつに、MECEがあります。

Mutually Exclusive, Collectively Exhaustive の頭文字を取って、MECE(ミーシー)と言います。「モレなく、ダブリなく、全体を把握する」という意味です。

たとえば、日本の人口は次の層に分類することができます。0～20歳　21～40歳　41～60歳　61～80歳　81歳以上。この五つの分類は、モレがなくダブリがなく全体を把握している状態ですから、MECEと言えます。

MECE

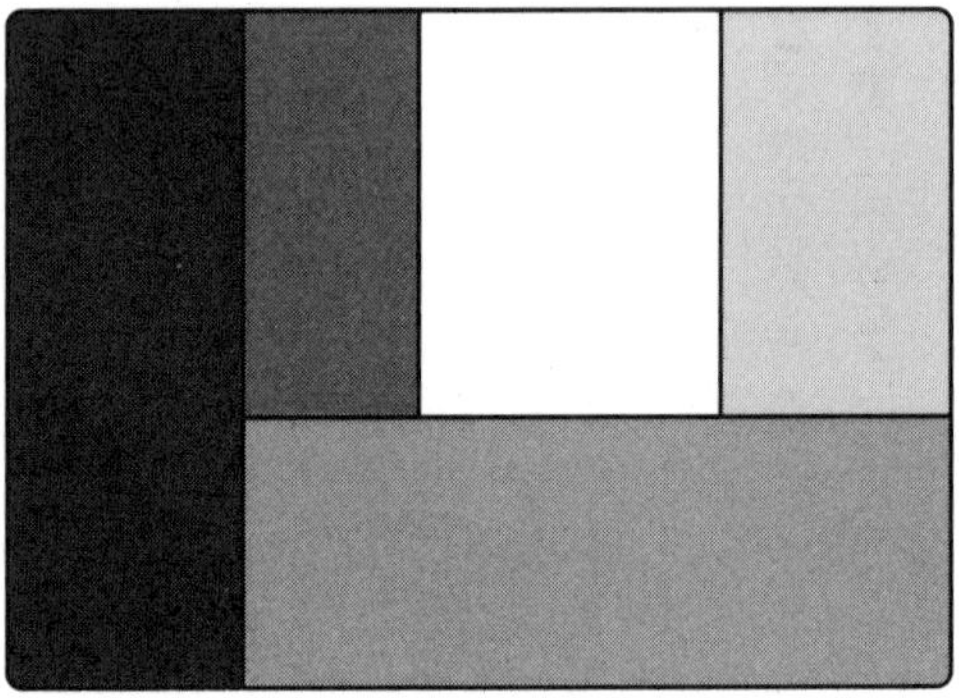

「モレなく、ダブリなく、全体を把握する」

それから、人を男と女に分ける。これもＭＥＣＥです。一方、人を男と女と子供に分けるのは、ダブリがあるため、ＭＥＣＥではありません。人を成年男子と成年女子に分ける。これもモレがあるため、ＭＥＣＥではありません。

　このＭＥＣＥは、単純なようですがとても重要な概念です。情報はモレなく、ダブリなく収集する必要があるし、情報整理の段階でも同じです。モレやダブリがある状態では、原因究明に進むことはできません。

　実は、これまで紹介してきたフレームワークはすべてＭＥＣＥなのです。

　ＳＷＯＴ分析では、ひとつのテーマを取り上げて、強み／弱み／機会／脅威に分類していきます。問題発見の４Ｐでは、物事を目的軸／立場軸／空間軸／時間軸の四つの軸で捉えることで問題を発見していきます。戦略3Cもそうです。企業が、新しい事業や商品サービスを展開する場合、顧客、市場／競合／自社の三つの視点から戦略を練るのです。

その他、本書で紹介しているPPM分析、5Forces分析、バリューチェーン分析についても同じです。

詰まるところ、フレームワークとは、物事をMECEに分類するためのツールということになります。

6 情報を整理する KJ法とマインドマップ

問題解決技法の中で、とくに有名なものに川喜田二郎氏の提唱するKJ法があります。これは、1960年代に考え出された技法ですが、今なお多くの現場で使われ続けています。1枚の付箋（カード）に一項目ずつ書き出し、グルーピングを繰り返しながら情報を整理していく手法です。

KJ法の具体的な手順は、次の六つです。

【手順1】 情報の書き出し

1枚の付箋（カード）にひとつの情報を書き出し、机の上にアトランダムに並べます。必ず、1枚の付箋（カード）にひとつの情報を基本とし、短い文章で記入します。

【手順2】 グルーピング

机に並べられた付箋（カード）を、近い内容のものを集めて、いくつかの小グループを作ります。小グループですから、せいぜい1グループ10枚以内と考えてください。先入観、固定観念を持たず、ゼロベース思考でグルーピングを行ないます。その際、どのグループにも属さない付箋（カード）があるかもしれませんが、それはかまいません。

【手順3】 タイトルづけ

それぞれの小グループに、ピッタリのタイトルをつけます。新しい付箋（カード）にタイトルを記入して見出しカードとし、グループの上に置きます。これで、タイトルのついた複数の小グループができることになります。

【手順4】 再グルーピング

さらに、それぞれの小グループのタイトルを見比べながら、関連性のあるものをまとめ、中グループ、大グループとして括ります。

【手順５】　図解化

グループごとに模造紙などに張りつけ、全体を図解化して俯瞰します。このとき、比較的内容の近いものを近くに配置します。また、関連のあるグループを線で結んだり、囲んだりしながら図解します。

【手順６】　文章化

図解化された情報を文章としてまとめます。ここでは、客観的な事実やデータを中心に文章化します。そして、まとめられた文章を発表するなどして、さらに意見交換するのもいいでしょう。

以上のような手順で情報を整理するわけですが、こうした情報の整理には、アナログ思考が適しています。まず、付箋（カード）に情報を書き出す場合には手書きが原則です。手で書くことで、新しい視点が見えてきたり発想が湧いてきます。

手書きの習慣はなくなりつつありますが、ここではあえて、「手で考える」ことを実践してください。Word や Excel でカードのフォーマットを作って入力・印字する方法は、あまりお勧めしません。

それから、付箋（カード）を使うことで、手軽にグルーピングしたり、模造紙に張りつけて図解することができますが、これもまた、手や体を動かしながら自由な発想が生まれるきっかけになります。

最近、トニー・ブザン氏の提唱するマインドマップが、日本でもよく使われるようになってきています。本来持っている脳の力を引き出す思考法ですが、情報整理のツールとしても有効です。今発生している問題を、紙の中央にセントラルイメージとして描き、そこからグループごとに枝を伸ばして、情報を関連づけて整理していきます。読者の中には、すでに実践している方がいるかもしれません。もちろん、この場合も手書きをお勧めします。

情報の整理には、スピードが求められます。しかしその一方で、少し寝かせてもう一度見直してみるという冷静さも必要です。情報収集は、このあたりのバランスを図りながら行なってください。

本当の原因をさぐる

chapter 7

1 問題にはすべて原因がある

ここまで見てきたように、問題に関する情報を収集し分析することで、原因究明にかなり近づいてきました。仮説サイクルやKJ法、マインドマップなどを駆使することで、真の原因にたどり着くこともできます。

そこで、この章ではもう一歩踏み込んだ、原因究明の手法にチャレンジしていきます。

「そもそも論」になってしまいますが、問題には必ず原因があります。原因のないところに問題は発生しません。しかし、そうとわかっていながら、私たちはよく短絡思考に陥ります。

たとえば、子供の学校の成績が落ちたとします。「何をやっているんだ、テレビばっかり見て勉強しないからだ。今日からテレビ禁止だ。勉強しろ！」

これでは、単なるきめつけかつ典型的な短絡思考です。情報収集することもなく、子供の成績が落ちた原因をテレビの見すぎと決めつけています。真の原因は、クラブ活動が忙しくて勉強する時間がなかったからなのかもしれないし、友人関係で悩んでいたからかもしれません。あるいは、複数の原因が絡み合っているのかもしれません。

こうした短絡思考に陥らないためには、まず問題（結果）と原因の関係、言い換えれば因果関係をしっかりと押さえることです。

テレビを見る（勉強する時間が少なくなる）→成績が落ちる。なるほど、たしかに相関関係がありそうです。しかし、だからと言って因果関係があるとは限りません。

そこで、第3因子の存在をチェックします。要するに、他に考えられる原因はないかを調べるのです。その結果、「友人関係に悩みがあり、それを忘れるためにテレビを見ていた」「友人関係に悩みがあり、集中して勉強できていない」ということがわかりました。

友人関係の悩みが、テレビを見る原因であり、また成績が落ちた原因でもあったのです。

因果関係を探る場合の注意点ですが、どうしても、インパクトの強いものを原因と考えてしまう傾向があります。最近、とくに家でテレビを見ている子供の姿が目につくため、そこで何となく、これが原因だろうと考えてしまうのです。これでは、真の原因に近づくことはできません。

短絡思考に陥ることなく、因果関係をしっかりと押さえてください。

2 対処できる原因と、対処できない原因

「問題の8段構造」の項で見てきたように、問題が発生する原因は、必ずしもひとつとは限りません。複数の場合もあります。そして、その複数の原因の中に、対処すべき真の原因が存在し、それを問題点と言います。

この場合、対処すべきかどうかの判断基準とは、対処することによって高い効果が得られるかどうか、ということです。つまり、問題解決に結びつくかどうか、という点がポイントになります。

そこで、その原因なのですが、実は対処したくても対処できない原因もあります。

たとえば、4人家族の高野さんは、休日を利用してディズニーランドに行ったとします。お父さん、お母さん、小5のお兄ちゃん、そして幼稚園児の妹です。面白そうなアトラクションを見つけたので、みんなで入ってみることにしました。しかし、入口の案内を見ると、「身長102cm未満のお子様はご利用いただけません」と書いてあります。幼稚園児の妹の身長は98cmで、基準を満たしていません。さあ、問題発生です。原因はもちろん、妹の

身長が4cm足りないということです。

でも、どうでしょうか。この原因に対処することはできるでしょうか。もちろんできません。一瞬のうちに、身長を4cm伸ばす方法などないからです。したがって、アトラクションは、あきらめざるを得ません。


それから、前述のTOEIC800点獲得を目標としている例を見てみることにしましょう。模擬試験の結果740点で、思うような点が取れていなかった原因は次の三つでした。
・リーディングの読解で点を落としていた
・リスニングの説明文問題で点が取れていなかった
・試験当日、突発的な電車の事故で会場に20分遅れて到着し、その分試験時間が足りなくなった
この中で、対処できない原因は「電車の事故」ということになります。これはどうにもなりません。

そこで、原因究明にあたっては、早い段階から対処できる原因と、対処できない原因を区別して進めていきます。そして、いくつかの原因が出揃ったところで、改めて制約条件や前提条件は排除し、ゼロベース思考で検討してみるのです。

3 Whyツリーで原因を究明する

問題と原因との因果関係を論理的に整理し、原因究明を行なうロジックツリーのことを〝Whyツリー〟と言います。

トヨタ自動車の現場で行なわれている「Why?（なぜ）」を5回繰り返して、真の原因を究明する手法は有名ですが、Whyツリーではまさに、その「Why?（なぜ）」を繰り返しながら問題を深堀し、原因究明していきます。

情報を表にまとめたり、箇条書きしてまとめる方法もありますが、それでは一見して因果関係を把握することができないし、全体のつながりを見るのにも適していません。

それに比べてWhyツリーでは、因果関係をツリー状につなげ、全体像もはっきり見ることができます。

たとえば、次のページにあるように「売上低下」という問題について、Whyツリーを展開してみます。

まず、一番左に問題である「売上低下」と書きます。

次に、Why?（なぜ）その問題が発生したのかを考え、第2階層に「既存客の売上低

Whyツリー

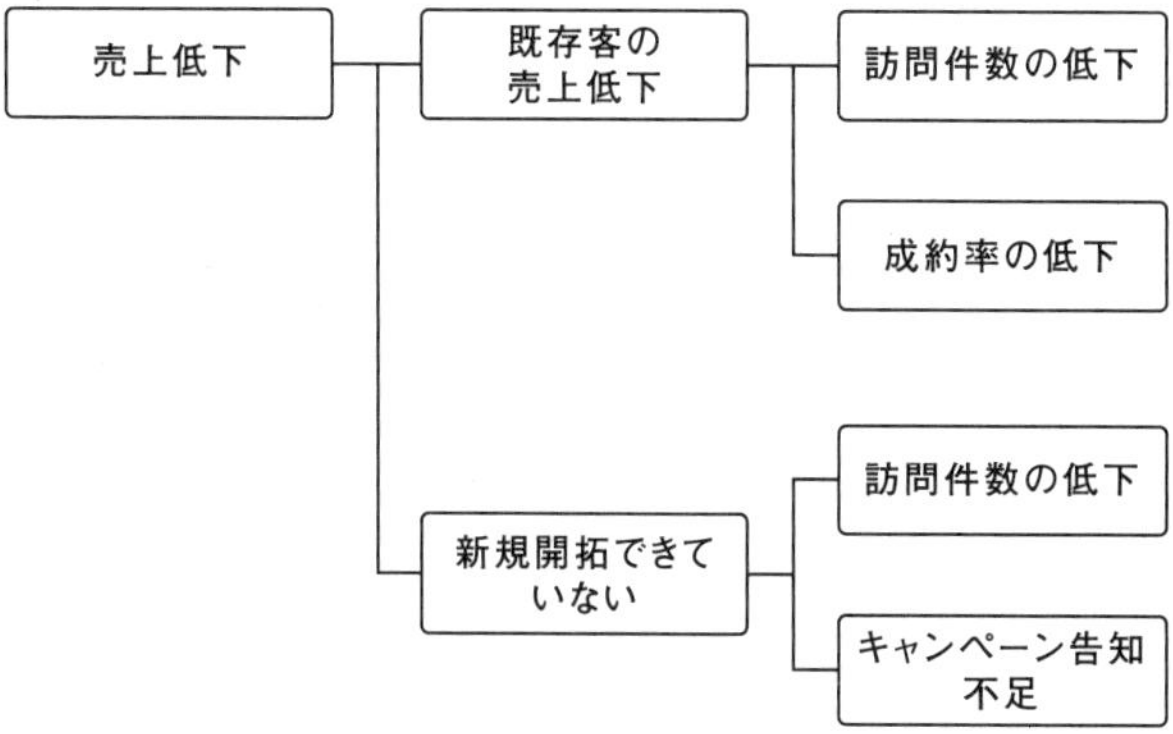

下」「新規開拓できていない」と書きます。ここで、この二つが「売上低下」の原因ということがわかりました。

ところで、この二つの原因ですが「売上低下」の原因である一方で、新たな問題でもあります。つまり、「売上低下」という大きな問題を、Ｗｈｙ？（なぜ）を使って二つの問題に小さく分解したという側面もあるのです。

そこで、さらにこの新たな問題の原因を考えるため、それぞれについてＷｈｙ？（なぜ）を問いかけます。その結果、「既存客の売上低下」という問題に対しては、「訪問件数の低下」、「成約率の低下」が原因であることがわかりました。

また、「新規開拓できていない」という問

題に対しては、「訪問件数の低下」「キャンペーン告知不足」が原因であることがわかりました。その結果を第3階層に書き込みます。

こうして、次々に原因を突き止め、そして新たな問題としてまた原因を突き止める、といった作業を繰り返すことで問題を深堀し、真の原因を究明していきます。

Whyツリーの作成にあたっての留意点ですが、まずは因果関係が成立することです。そしてもうひとつは、MECEであることです。それには、第3因子の存在をチェックするなどして進めていく必要があります。

さらに、可能な限りツリーに定量データを加えてみてください。これは、ツリーを完成させた後、後づけで書き込んでもかまいません。

「訪問件数の低下」であれば、月間50件から35件に低下しているといった表現を加えます。同じく「成約率の低下」であれば、平均65%の成約率が40%に低下しているといった表現となります。

では、ここでWhyツリーを使って原因究明を行なっていくことにしましょう。

まず、シート3で抽出した、あなたが取り組むべき問題のステートメントを、一番左に転

シート

④

シート3で抽出したあなたが取り組むべき問題について、Whyツリーを使って原因究明してください

1. シート3で抽出したあなたが取り組むべき問題のステートメントを、一番左に転記します
2. 次に、MECEを意識してWhy?(なぜ)その問題が発生したのかを考え、第2階層にその原因を書きます
3. さらに、第3階層以降は原因を新たな問題と位置づけ、Why?(なぜ)を繰り返します
4. そして最後に、定量データを加えたツリーを完成させ、全体を俯瞰しながら原因を特定します

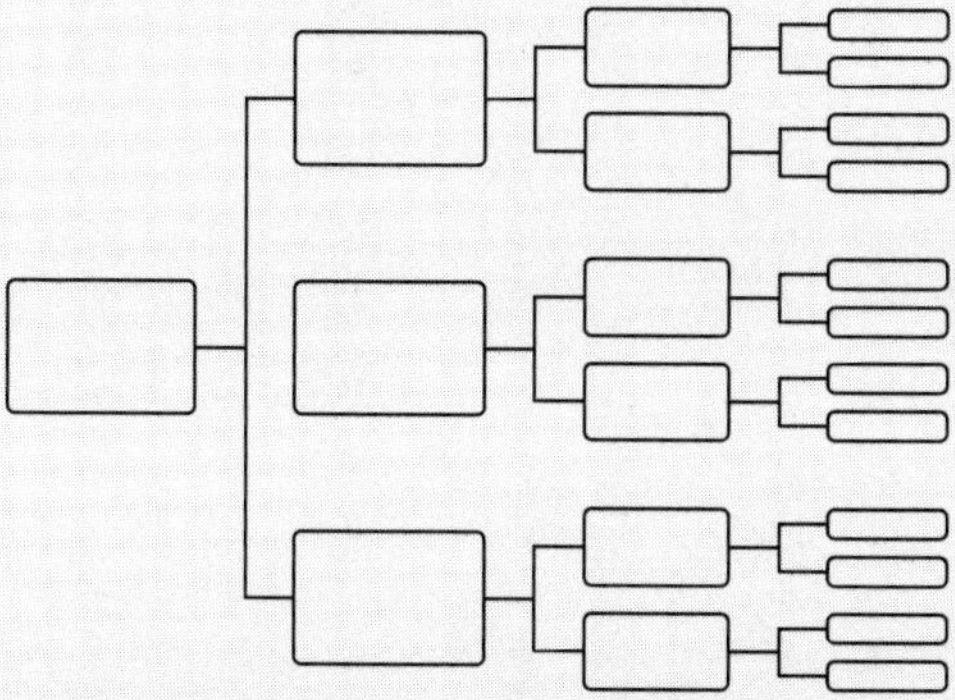

記します。次に、ＭＥＣＥを意識してＷｈｙ？（なぜ）その問題が発生したのかを考え、第2階層にその原因を書きます。さらに、第3階層以降は原因を新たな問題と位置づけ、Ｗｈｙ？（なぜ）を繰り返します。

そして最後に、定量データを加えたツリーを完成させ、全体を俯瞰しながら原因を特定します。

4 他と比較して原因を究明する

たとえば、1週間前に花屋からカーネーションの鉢植えを買ってきたとします。色はとても鮮やかな赤です。鉢植えですから1週間以上は持つだろう、と花屋からは言われて買ったものの、残念なことに3日で枯れてしまいました。

そこで、あなたはなぜ3日で枯れてしまったのかが気になり、原因究明することにしました。まずは、セオリー通りに仮説を立てて情報収集したり、Ｗｈｙツリーを使って原因究明を行ないました。

その結果、原因と思われるものがいくつか見つかりました。「鉢が小さかったから」「水が合わなかったから」「日当たりがよくなかったから」「栄養剤が不足していたから」「土の養

Aru・Nai分析

ステートメント：
1週間前に購入したカーネーションの鉢植えに、
購入後3日後に枯れてしまったという問題が発生している

	Aru 問題が発生している状況 3日後に枯れたカーネーション	Nai 発生してもおかしくないのになぜか発生していない状況 今も咲いているカーネーション
同じ状況	水	
	栄養剤	
	土	
違う状況	まったく話しかけていない	いつも話しかけている
	一度も鉢を入れ替えてない	買った直後に鉢を入れ替えた
	3日前から裏のベランダに移動	ずっと日当たりのいい表玄関

こうして比較することで、3日前から裏のベランダに移動したことが
原因である可能性が浮かんできます

分が少なかったから」などです。

しかし、どれも決定的な証拠が不十分で、原因の特定にまでは至りません。

このように、発生した問題だけを捉えて情報収集してもうまく原因究明できないケースがあります。こうした行き詰った状況を打破するときには、Ａｒｕ・Ｎａｉ分析（ある・ない分析）を使います。

Ａｒｕ・Ｎａｉ分析とは、二つの状況を比較して原因究明する方法です。問題が発生している状況（Ａｒｕ）と、発生してもおかしくないのに、なぜか発生していない状況（Ｎａｉ）を比較して、その違いから原因を特定するやり方です。

実は、一緒に買ってきたもうひとつのカー

ネーションの鉢植えは枯れていなかったのです。同じカーネーションの鉢植えですから、枯れていてもおかしくないのに、なぜかまだ花をつけています。この二つのカーネーションを比較した結果、次のことがわかりました。

「水」「栄養剤」「土」については、どちらも同じ状況ですから、枯れた原因とは考えられません。違いがあるのは、「いつも話しかけているか、いないか」「買った直後に鉢を入れ替えたか、入れ替えていないか」「3日前から裏のベランダに移動したか、ずっと日当たりのいい表玄関に置いていたか」の三つになります。

そして、そこから日当たりの違いが原因ではないか、という可能性が浮かんできます。

Ａｒｕ・Ｎａｉ分析を行なう際のポイントは、次の二つになります。

まずひとつは、「近いものを比較する」ことです。

ここでは、同じ日に買ったカーネーションの鉢植え、という近い状況のものを比較します。

6章で登場した売上不振の麻布支店であれば、同じ都心にあって比較的条件が近いにもかかわらず、業績好調な青山支店と比較してみるのです。

二つ目のポイントは「切り口は4W1H」ということです。

シート

⑤

シート3で抽出したあなたが取り組むべき問題について、Aru・Nai分析を行なってください

1. シート3のステートメントを転記します
2. 次に、①Aru（問題が発生している状況）に問題が発生しているものを書き込みます。また、②Nai（発生してもおかしくないのに、なぜか発生していない状況）に比較するものを書き込みます
3. そして、変化に注目しながら、4W1Hに沿って「同じ状況」と「違う状況」の欄に比較情報を書き込んでいき、最後に全体を俯瞰して原因を特定します

ステートメント：

	Aru 問題が発生している状況 ①	Nai 発生してもおかしくないのになぜか発生していない状況 ②
同じ状況		
違う状況		

When（いつ）、Where（どこで）、Who（誰が）、What（何を）How much（どれだけ）、という視点で情報を整理します。

先ほど、Whyツリーによる原因究明を行ないましたが、ここではAru・Nai分析を使った原因究明に取り組んでください。

まずは、シート3のステートメントを転記します。次に、Aru（問題が発生している状況）に問題が発生しているものを書き込みます。また、Nai（発生してもおかしくないのに、なぜか発生していない状況）に比較するものを書き込みます。

そして、変化に注目しながら4W1Hに沿って比較情報を書き込んでいき、最後に全体を俯瞰して原因を特定します。

5 変化に注目する

実は、Aru・Nai分析を行なう際に押さえておきたいポイントが、もうひとつあります。それは、「変化に注目する」ということです。

基本的に、変化のないところに問題は発生しません。何らかの変化をきっかけに問題が発生する場合がほとんどです。もし、3日前に日当たりのいい表玄関から裏のベランダに移動していなければ、カーネーションは枯れることはなかったはずです。この表玄関からの移動という変化をきっかけに、問題が発生したのです。

また、6章の売上不振の麻布支店の例もそうです。6ヶ月前に支店長が交代したという変化に注目して仮説を立てています。それが真の原因であるかどうかは、その後の情報分析を通じて明らかになるところですが、可能性としてかなり高いと言えます。

これまでうまくいっていたものが、ある出来事をきっかけに、突然うまくいかなくなる、ということは日常的に起こっています。つまり、それが変化ということです。

たとえば、こんなこともあります。業界では画期的な商品として注目されている商品A。発売以来、絶好調の業績でシェアを拡大しています。しかし、競合X社から類似商品Bが発売されるや否や、一気に売上げにブレーキがかかってしまいました。これは、競合X社が商品Bを発売するという外部環境の変化によって、問題が発生したということになります。

あるいはまた、こんなこともあります。ある会社では、社内の情報管理システムを新しいものに変更することにしました。それに伴い、各自のパソコンにも対応したソフトをインストールするように、と総務部から通達が出ています。

しかし、もしその通達に気づかずに仕事を続けていたらどうでしょうか。「システムが使えないじゃないか！」と大騒ぎになります。これは、変化しなければならないにもかかわらず、変化しなかったために問題が発生してしまった例です。

このように、「変化に注目する」ということは、変化したことだけでなく、変化すべきところなのに変化しなかったことも含まれます。

変化に注目する具体的なポイントはこちらになります。

導入／修正／見直し／変更／移動／追加／発生／消滅／変形／進歩／強弱／外部環境

6 原因究明には落とし穴がある

Ｗｈｙツリーやａｒｕ・Ｎａ・ｉ分析を使って原因究明を進めていくと、ふと思うことがあります。「何だ。結局、原因は人なのか！」ということです。

突き詰めて考えると、世の中すべて人が動かしているわけですから、最終的な原因は人に行き着くことになります。だからと言って、「すべての原因が人にある」といった原因究明も適切ではありません。

・モチベーションが低い
・スキルが低い
・コミュニケーション力が低い

おおむね、この三つが最終的な原因としてよく挙げられます。

「社員のモチベーションが低いから、生産現場でミスが多発している」「社員のスキルが低いから、新商品開発ができない」「社員のコミュニケーション能力が低いから、売上げが低下している」

そうなると、当然のことながら解決策も絞られてきます。「低いものを高くする」か「人を変える」か、のどちらかしかありません。

たとえば、残業が多いという問題に対して、社員のスキルが低いという原因があったとします。その場合、社員のスキルアップのための研修を行なって仕事のスピードを上げていこう、という解決策を考えます。

これは、ひとつの解決策としては〝あり〟です。しかし、このように人にばかり焦点を当てるのではなく、もう少し広く問題を捉え、組織、仕組み、制度、やり方、モノといった視点からも、原因を考えていくことが大切です。

そして社員のスキルが低いなど、人が原因として考えられるようだったら、さらに一歩踏み込んで、「どうして社員のスキルが低いのか、その原因は何か？」を検討するようにしてください。

7 課題を設定する

「問題解決の3ステップ法」の第2ステップ、原因の究明の最終段階は「課題を設定すること」です。課題とは、問題解決のためにやるべき事柄のことを言い、ここまでに判明した真の原因、問題点とは裏表の関係になります。

「～を、～する」と表現します。また、できる限り具体的な表現にするために定量的なデータを付け加えるといいでしょう。

では、ここでもう一度、TOEIC800点を目指す事例で、問題の8段構造を復習しておきましょう。

目的：海外留学の社内選考にパスする
目標：TOEICで800点獲得する
現状：740点しか取れていない

シート

⑥

Whyツリーや Aru・Nai分析で、あなたの抱えている問題の真の原因、問題点がわかりました。そこで、できる限り定量的データを使って「〜を、〜する」という表現で課題を設定してください

「〜を、〜する」

問題：800点－740点＝60点不足
原因：リーディング力が弱い　リスニング力が弱い　電車の事故で試験に遅れた
問題点：リスニング力が弱い
課題：リスニング力を強化する
解決策：外国人の個人指導を受ける

課題は、「リスニング力を強化する」となります。さらに、「リスニング力を20％強化する」などの定量的データを付け加えると、いっそうわかりやすくなります。

また、正しく課題を設定できたかどうかを確認するためには、「この課題を遂行したら、あるべき姿（目標）は達成できるか？」と自問自答してみることです。

ＷｈｙツリーやＡｒｕ・Ｎａｉ分析で、あなたの抱えている問題の真の原因、問題点がわかりました。そこで、できる限り定量的データを使って、「～を、～する」という表現で課題を設定してください。

解決策を決める

chapter 8

1 最も確実な解決策とは

いよいよ、「問題解決の3ステップ法」の最終ステップに入ります。ここでは、問題解決に向けた具体的な解決策を決めていきます。

ところでみなさん、すべての問題に共通する、最も確実な問題解決策をごぞんじでしょうか？

それは、ちょっとズルい（？）やり方ですが、あるべき姿（目標）を修正することです。

問題解決とは、あるべき姿（目標）と現状のギャップを埋めることです。ですから、あるべき姿（目標）を修正（とくに下方修正）することで、ギャップを小さくして問題解決を容易にしたり、問題そのものをなくすことができます。

「これは！」という解決策を実行して問題解決するより、はるかにスピーディーで、そして確実に問題解決することができます。

たとえば、あなたがある精密機械メーカーの経営企画課長だったとします。今年は、社長の年頭のあいさつで「売上目標100億円！」という方針が発表されました。言うまでもなく、全社一丸となってその目標に向かって取り組んでいますが、なかなか思うような成果があがりません。現実には、昨年の売上60億円を達成するのがやっとという状況です。しっかりと原因を究明して、何らかの手を打つべき大問題です。

しかし、どうでしょうか。そもそも、この100億円という目標には大した根拠もなく、まして今の経済環境や業界他社の状況を考えると、まったく妥当性がないことが判明したとしたら。

そのような場合には、目標を下方修正することができないかを考えます。クビを覚悟で、社長に直談判する必要があるかもしれません。しかし、結果として売上目標を80億円に下方修正することができれば、今より問題を小さくすることができます。そうなれば、当然打つ手も変わってくることになります。

それから、あくまでも100億円にこだわって、「どうせ、やっても無駄だよ！」とわかっていながら非現実的な解決策を考えるより、80億円に下方修正して現実的な解決策を実行するほうが、よほど会社にとってはプラスになるはずです。

先ほどの課題を設定する項で「この課題を遂行したら、あるべき姿（目標）は達成できるか？」ということを自問自答してみることが大切、というお話をしましたが、解決策を考える第一歩は、まずあるべき姿（目標）を見直してみることです。

2 上手な問題解決のコツ

解決までのシナリオを作る

これまで再三お話ししてきているように、問題解決にあたっては、あるべき姿（目標）を常に意識しておくことが大切です。あるべき姿（目標）とは、別の言い方をすると問題解決後のイメージであり、言わば〝ゴールイメージ〟ということになります。

解決策を考えるのは、シナリオを作ることに似ています。解決策を実行して、どのようにゴールに到達していくのか。シナリオライターになったつもりで、解決までのストーリーを描くようにしてください。

そうすることで、横道に逸れることなく、常に自分の思い描いている方向に進むことができます。

また、こうしたシナリオを作ることは、自分に対する動機づけにもなります。何が何でも、イメージしたゴールを実現させたいという思いを強くすることにもなり、自然と解決策のアイデアが湧き出てくるようになります。

得意分野で勝負する

勝負をするなら、自分の得意分野に相手を引き込むというのは勝負事での鉄則です。それは、問題解決においても例外ではなく、あなたの得意分野、あなたのフィールドで勝負をすることです。

たとえば、ある問題を解決するのに上司の決裁が必要だったとします。経理畑のあなたは、得意分野の数字を駆使したアプローチ方法を考えます。さまざまな数字や論拠を示したデータを整え、これなら間違いなく説得できるという資料を完成させます。

しかし、実際の交渉事は大の苦手です。そこで、ここでの勝負は避けます。営業畑の同期に手伝ってもらい、彼のコミュニケーション力や押しの強さを武器に上司の説得に当たります。

当事者意識を強くしない

問題解決には、自分の問題として認識し、責任を持って積極的に対処する姿勢が求められますが、一方ではクールな目も持ち合わせていなければなりません。「俺がやらなければ！」と、過度に当事者意識が強いと、どうしても視野が狭くなります。

ですから、熱く問題解決に取り組む自分自身と、常に冷静で客観的な立場から問題を捉える自分自身を共存させるようにしてください。

3 解決策のアイデアは多いほうがいい

解決策のアイデアは、多いに越したことはありません。実際に実行する解決策は、後で最適なものを選べばいいので、まずはさまざまな角度からアイデア出しを行ないます。

ブレーン・ストーミングは発散思考の代表的な手法で、自由にたくさんのアイデアを出す場合にとても有効な手法です。アメリカのアレックス・F・オズボーンが考案した会議方式で、複数の参加者とともに自由に意見を出し合うことで、さらに連鎖的に新たな意見が生まれていきます。

組織上の問題など、あなた以外に複数の当事者がいたり、あるいは問題解決に協力してくれる人がいる場合などでは、ぜひ試してください。

ブレーン・ストーミングには、四つの基本的ルールがあります。

ルール１：批判しない

他のメンバーから出た意見を批判しない。すべての意見を肯定して受け入れます。

ルール２：自由奔放

常識では考えられない奇抜なアイデア、稚拙な意見でも自由に発言します。

ルール3：質より量

すばらしいアイデア、意見より量が求められます。質より量です。

ルール4：結合改善

複数のアイデアをくっつけたり変化させながら、新しいアイデアを生み出していきます。

このルール通りに話し合いを進めていければ、たくさんのアイデアを吸い上げることができます。ただ、実際にはなかなか思うように進まない場合もあります。

ですから、会議を仕切るファシリテーターとしては、参加人数を5～6人程度に絞ったり、会議時間を30分、最大でも1時間というように時間制限を設けるなど、運営には工夫が必要です。

そして、参加メンバーを選ぶ際にも男女の比率を考えたり、問題とは無関係の人を、あえて参加させるのもいいでしょう。

注意点として、ブレーン・ストーミングでは抽象的なアイデアで終わらないよう、できる限り具体的なアイデアを出すことを意識してください。

ところで、いつでも仲間を集めてブレーン・ストーミングができるわけではありません。場合によっては、ひとりで解決策のアイデアを考えなければならないこともあります。

そんなときは、〝**ひとりブレーン・ストーミング**〟を行なってください。要するに、**ひとりで「自由奔放」「質より量」「結合改善」を行なうわけです（ひとりなので「批判しない」は考慮しない）**。

とは言うものの、何もないところから発想するのもたいへんです。そこで、チェックリスト法を使います。チェックリスト法もまた、アレックス・F・オズボーンが考案した方法で、次にあげる九つのポイントから思考します。

転用……新しい使い道、新しい用途を考える、他の分野への転用を考える
応用……何かの真似をしてみる、他分野の似たもの、アイデアを当てはめてみる
変更……何かを変えてみる、色、音、匂い、容量、様式、型などを変えてみる
拡大……大きくしてみる、高さ、長さ、材料、時間、頻度などを大きくしてみる
縮小……小さくしてみる、低く、軽く、短く、省略、分割など小さくしてみる
代用……他で代用できるものを考える、人、モノ、材料、素材などを代用してみる
再配列…順番を替えたり、配置、配列を入れ替えてみる

逆転……逆にしてみる、上下、左右、順番、役割などを逆にしてみる
結合……組み合わせてみる、他のもの、アイデアなどをいくつも組み合わせてみる

たとえば、「料理のレパートリーを、あと20％増やす」という課題を持ったOLの斉藤さん。まずは、駅前の料理教室に通うという解決策を考えました。

次に、駅前の料理教室に通うということを軸に、チェックリスト法を使って〝ひとりブレーン・ストーミング〟を行ないます。

転用から発想して、料理店でアルバイトをする
変更から発想して、主要駅近くの料理教室に通う
拡大から発想して、本格的な料理学校に通う
縮小から発想して、地域ボランティア主催の料理教室に参加する
代用から発想して、母親から料理を習う
逆転から発想して、料理教室の先生に自宅に来てもらって個人レッスンしてもらう

チェックリストの、九つのポイントすべてについて考え出す必要はありません。発想しやすいものだけでいいのです。

4 解決策のネタ探しを行なう

ブレーン・ストーミングやチェックリスト法の他に、解決策のアイデアを考える方法にどのようなものがあるのでしょうか。

まずは、各種メディアから解決策のアイデアを探す方法があります。新聞、雑誌、書籍、テレビ、ラジオ、インターネットなど、自分が直面している問題に関連する情報を集めることで、解決策のヒントを得ることができます。

また、業界他社で行なった解決策をマネるという方法もあります。実際のところ、情報を得るのはかなり難しいのですが、同じような問題を抱え、解決してきた事例はたいへん参考になります。他社から直接聞き出すのが難しければ、業界に関連したセミナーや勉強会などに積極的に参加するなどしてください。さまざまな事例を紹介しているものもあります。

もうひとつは、思考の断捨離とも言うべき、〝捨てる技術〟です。料理のレパートリーを、あと20％増やしたいと思っていても、日本料理・中華・イタリアン・フランス料理など、まんべんなく身につけるのは難しいものです。「イタリアンとフランス料理はあきらめよう」というように、ときには捨てる決断も必要です。

シート

⑦

シート6で設定された課題について、オズボーンのチェックリスト法や、この項で紹介した方法を使って"ひとりブレーン・ストーミング"を行ない、解決策のアイデアをできるだけ多く考えてください

1. シート6の課題を転記します
2. 9つのチェックリストや、この項で紹介した方法を基に、解決策を、なるべくたくさん考えてください

課題：

転用	
応用	
変更	
拡大	
縮小	
代用	
再配列	
逆転	
結合	
その他	

ではここで、シート6で設定された課題について、オズボーンのチェックリスト法やこの項で紹介した方法を使って、〝ひとりブレーン・ストーミング〟を行なって、解決策のアイデアをできるだけ多く考えてください。

5 Ｈｏｗツリーで解決策を考える

原因究明の項では、Ｗｈｙツリーを使って問題と原因との因果関係を論理的に整理しました。「Ｗｈｙ？（なぜ）」を繰り返しながら問題を深堀し、原因究明していく手法です。

実は、ロジックツリーにはもうひとつ種類があります。**それが、解決策を整理するためのＨｏｗツリーです。「Ｈｏｗ？（どのように）」を繰り返しながら具体的な解決策を絞り込んでいく手法です。**

ここまで、発散思考によって多くの解決策のアイデアが出ました。

アメリカの心理学者ギルフォードの分類では、人の思考には発散思考と収束思考があると言います。そこで次の段階では、収束思考のＨｏｗツリーを使って解決策を絞り込んでいきます。

Howツリー

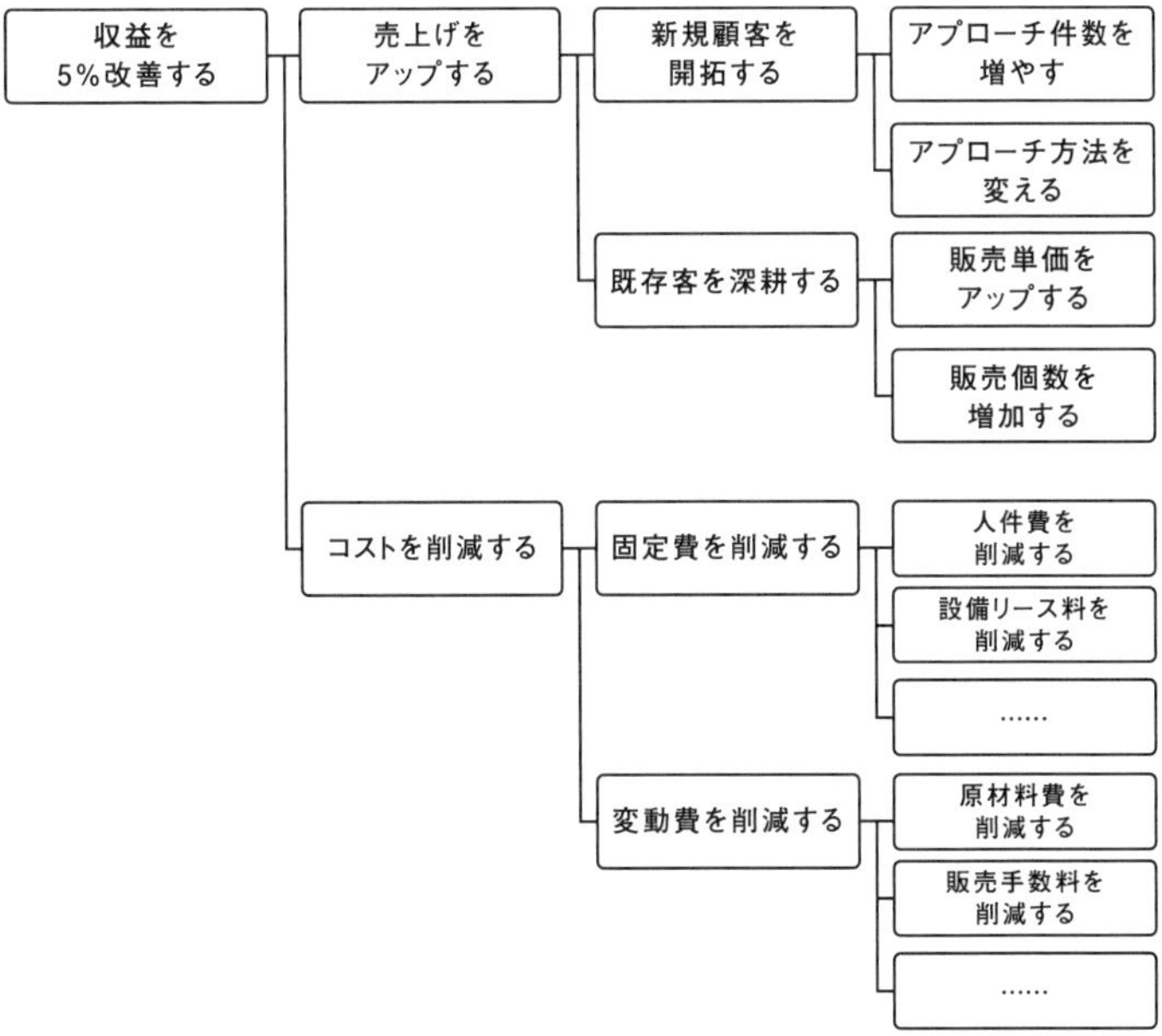

たとえば、「収益を5%改善する」という課題を抱えた企業があったとします。まずは、その課題を実行するためのアイデア、解決策のアイデアをいろいろ考えます。

「新規開拓に力を入れたほうがいいのではないだろうか、1日5軒訪問するとか」「いやいや、新規より既存のお客さんを大切にしないと。とにかく提案件数を多くして、もっと買ってもらおう」「そもそも、人が多すぎる。人を減らしてコストを下げよう」といった具合です。

そして、こうした解決策のアイデアを、今度はＨｏｗツリーを使って整理していきます。ツリーの一番左には「収益を５％改善する」と記入し、次にＨｏｗ？（どのように）を展開して「売上げをアップする」「コストを削減する」と記入します。こうして、第３階層、第４階層と展開していきます。

ひととおりツリーが完成したら、次に全体を俯瞰して、ＭＥＣＥを意識しながらツリーに手を加えていきます。新しく解決策のアイデアを考えるなどしてツリーを完成させていきます。

ではここで、シート７で考えた解決策のアイデアを、Ｈｏｗツリーを使って整理し、解決策を絞り込んでください。

最初に、シート６で設定された課題を一番左に記入します。そして、課題に対してＨｏｗ？（どのように）を考え、２〜３程度に展開します。その後は次々に階層を掘り下げ、より具体的な解決策まで展開していきます。そして、これまでに考えた解決策のアイデアを枝葉の部分に当てはめていくと同時に、ＭＥＣＥを意識して新しい解決策のアイデアも考えます。

シート

⑧

シート7で考えた解決策のアイデアをHowツリーを使って整理し、解決策を絞り込んでください

1. シート6の課題を一番左に記入します
2. 課題に対してHow?（どのように）を考え、2～3程度に展開します。その後も次々に階層を掘り下げ、より具体的な解決策まで展開していきます
3. これまでに考えた解決策のアイデアを枝葉の部分に当てはめていくと同時に、MECEを意識して新しい解決策のアイデアも考えます

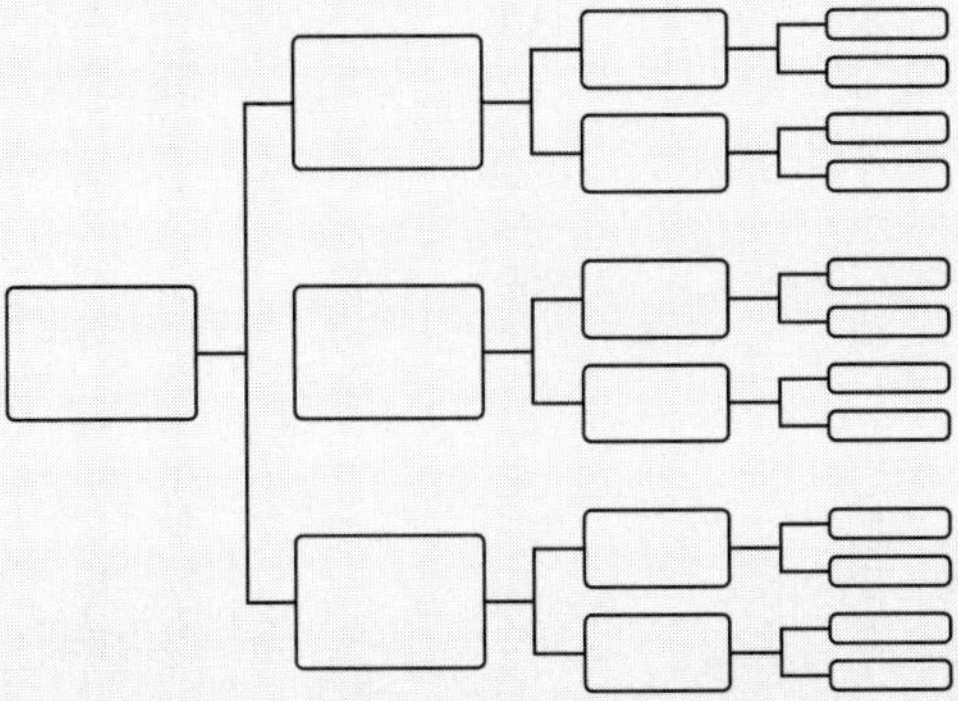

6 解決策は効果と実現性で決める

Ｈｏｗツリーを使ってアイデアを整理することで、ある程度、解決策を絞り込むことができました。おそらく、それらすべてを実行できれば、大きな成果を挙げることができるでしょう。

しかし、現実にはいろいろな制約があって、そうもいきません。コストや時間、さらに人手がかかりすぎるなど、理由はいろいろです。

そこで、こうした解決策を、効果と実現性という二つの視点からさらに絞り込んでいくことになります。

効果

その解決策を実行することで、効果が得られるかどうか、ということです。手は打ってみたもののまったく効果がない、では困ります。できるだけ、効果の高い解決策を選ぶ必要があります。

シート

⑨

ではここで、シート8である程度絞り込まれた解決策をふるいにかけ、さらに絞り込みを行なってください

1. 解決策のアイデアの欄に、Howツリーを使ってある程度まで絞り込まれた解決策のアイデアを複数個記入します
2. 効果と実現性それぞれの欄に◎○△の3段階でランクづけを行ないます
3. そして、全体を俯瞰しながら最適な解決策を決定します

解決策のアイデア	効果	実現性

実現性

まず、コストです。解決策として効果は高いものの、費用がかかりすぎては現実には実行不可能です。あるいは、人手がかかりすぎて、現在の人員では手がつけられないという解決策もあるでしょう。実現可能かどうか、ということは大切なポイントです。

ではここで、シート8である程度絞り込まれた解決策をふるいにかけ、さらに絞り込みを行なってください。

まず、解決策のアイデアの欄に、Ｈｏｗツリーを使ってある程度まで絞り込まれた解決策のアイデアを複数個記入します。次に、効果と実現性それぞれの欄に◎○△の3段階でランクづけを行ない、最後に全体を俯瞰しながら最適な解決策を決定します。

7 最適な解決策を選ぶ方法

前項で見てきたように、複数の解決策の中から最適な解決策を選ぶ際の視点は、効果と実現性です。この視点で評価することで、最適な解決策を決定することができます。

しかし、実際の問題解決の場ではそれだけではどうしても決定できない、ひとつに絞りきれないというケースも出てきます。

たとえば、最近少々太り気味なので、5kgのダイエットが必要になったとします。ダイエットの方法はさまざまですが、結局、ジムに通うことにしました。ただ、ジムに通うと言っても、いったいどこのジムがいいのかまでは決めていません。

いろいろと検討した結果、選択肢は次の三つに絞られました。

・会社の行き帰りに便利なので、駅前のジムに通う
・休日にも通いやすいので、家から最も近いジムに通う
・友人や会社の同僚の評判がいい都心のジムに通う

あなたならどのジムを選びますか?

いずれも、効果と実現性という点では同レベルで、なかなか決めることができません。

このように、比較的近い内容の選択肢の中から、最適な解決策を選ぶときに力を発揮する手法があります。それが、Must・Want分析で、複数の解決策をMust条件とWant条件によって比較し、最適な解決策を選び出す手法です。

ときには直感的に、「このジムにしよう!」という決断も必要ではありますが、この手法を使うことで、論理的で納得性の高い決定が可能になります。

それでは、Ｍｕｓｔ・Ｗａｎｔ分析について、横山さん一家の事例でくわしく見ていくことにします。

家族がひとり増え、今住んでいるマンションが手狭になった横山さん。住まいの問題を解決するため、思い切って都心にマンションを購入することにしました。候補は次の3物件ですが、なかなか決めることができません。

・南青山の高級マンション
・高輪のタワーマンション
・元麻布の低層マンション

いずれも、効果と実現性には◎がつく魅力的な物件です。

横山さんがまず行なうのは、マンション購入に際しての条件を列挙することです。絶対に満たしたい、絶対に譲れないという必須項目をＭｕｓｔ条件として考えます。ここでは、「価格は7，000万円以内」「間取りは3ＬＤＫ以上」「駅から徒歩10分圏内」の三つをＭｕｓｔ条件としました。

次に、この3物件が条件をクリアしているかどうか判断します。もし仮に、クリアしていない物件があれば、その時点で候補から脱落することになります。

しかし幸いなことに、今回の3物件の場合はすべてＭｕｓｔ条件をクリアしていました。

Must・Want分析

テーマ：マンションを購入する

条件			南青山のマンション			高輪のマンション			元麻布のマンション		
Must	7000万円以内		7000万			6500万			6000万		
	3LDK以上		3LDK			3LDK			3LDK		
	駅から10分圏		10分			8分			6分		
		ウェイト		評価	点数		評価	点数		評価	点数
Want	商店街近	6	5分	10	60	20分	3	18	10分	6	36
	日当たり	8	西向き	5	30	東向き	10	60	南向き	8	64
	駐車場安	10	6万円／月	4	40	4万円／月	7	70	2万円／月	10	100
	子供遊場	6	あまりない	5	30	公園多い	10	60	5分で公園	8	48
合計					178			228			248

さらに、できるだけ満たしたいという条件、言い換えればWant条件をあげ、3物件を評価します。ここでは、「商店街が近いこと」「日当たりがいいこと」「月々の駐車場料金が安いこと」「子供の遊び場が近くにあること」の四つとしました。

ただ、できるだけ満たしたいと言っても、それぞれ条件に対する期待値が違います。そこで、各条件に10段階のウエイトをつけます。そして、その条件をどの程度満たしているか、3物件をそれぞれ10段階で評価し、ウエイトと評価点をかけて点数を算出します。

こうした分析を行なうことによって、論理的で納得性のある最適な物件を選ぶことができます。

今回のケースでは、元麻布のマンションの

点数が248点と最も高く、最適な物件ということになりました。

さあ、これで決定。ではありません。

最後はやはり、この分析結果を基に家族会議で決めてもらうことになります。

解決策をうまく実行する

chapter9

1 A4サイズ1枚の実行計画書を作成する

解決策が決まったら、次はそれを確実に実行して問題解決に導くことです。せっかく考えた解決策も、実行しなければ何の意味もありません。

そこで、まず実行計画書を作成します。解決策を細分化して、解決までにやるべき作業をできるだけ具体的に明確にします。この場合、とくに決まったフォーマットはありませんが、A4サイズ1枚程度にまとめるのが理想的です。

実行計画書を作成する際には、次の4W1Hを明らかにしながら細分化していきます。

When…いつからはじめて、いつまでに終わらせるのか
Where…その作業はどこで行なうのか
Who…誰が責任を持って行なうのか、責任者、担当者は誰か
What…何を行なうのか、具体的な作業内容は
How much…どれだけの費用で行なうのか

このような実行計画書にまとめるメリットの第一は、進捗管理に利用できるということで

す。何がどこまで進んでいて、何が進んでいないのかといったことが把握でき、それぞれの作業の進み具合をチェックすることができます。

さらに、A4シート1枚にまとめることで、誰でも簡単に見ることができます。こうすることで、チームで問題解決にあたる場合であれば、お互いの共通認識を持つことができます。チームで解決する場合だけでなく、あなたひとりで問題解決に取り組む場合でも、実行計画書は作成するようにしてください。

それから実行計画書には、4W1Hの他に「問題」「課題」「解決策」についても整理して記載しておけば、見るたびにリマインド効果が期待できます。

仮に、「若手女子社員の離職率が高い」という問題を抱えた企業があったとします。ステートメントによって、「入社3年目までの女子社員に、離職率60％という問題が発生している」という問題を特定しました。

さまざまな方法で原因究明を行なった結果、「業務の内容が専門的で、短期間では覚えられず、自信を失っているため」という真の原因が明らかになりました。

そうなると課題は「専門的な業務内容を短期間でマスターさせる」ということになります。そうなれば、みな自信を持って仕事に取り組むことができ、離職率も低下するだろうと考えたのです。

解決策として、「新人女子社員でもすぐに使いこなせる、簡単でわかりやすい業務マニュアルを作成する」ことにしました。

そして、この解決策を細分化して、解決までにやるべき作業に分解した項目がこちらです。

・各担当者にインタビューなどを行ない、現在の業務内容を一から洗い出す
・ムダな業務内容をピックアップし、また新たに必要な業務をリストアップする
・一つひとつの業務について、改めて具体的で効率的な進め方を決める
・その内容をパソコンに打ち込み、20ページ程度の業務マニュアルにまとめる

解決策を細分化することで、かなり具体的な作業項目が見えてきます。これがWhatであり、Where、How much も含めて記載します。

後は、それぞれの作業項目について、Who（誰が責任者となって）、When（いつからはじめて、いつまでに終わらせるのか）、といったことを決めていけばいいのです。

そして、それを時系列で並べ、「問題」「課題」「解決策」といった内容も加え、実行計画書としてまとめれば完成です。

実行計画書

【問題】入社3年目までの女子社員に、離職率60%という問題が発生している

【課題】専門的な業務内容を短期間でマスターさせる

【解決策】新人女子社員でもすぐに使いこなせる、簡単でわかりやすい業務マニュアルを作成する

作業項目	責任者	担当者	実施時期	備考
各担当者にインタビューなどを行ない、現在の業務内容を一から洗い出す	高橋	石川	4/3～4/9	完了
ムダな業務内容をピックアップし、また新たに必要な業務をリストアップする	高橋	今野	4/11～4/15	
一つひとつの業務について、改めて具体的で効率的な進め方を決める	戸田	櫻井	4/16～4/22	
その内容をパソコンに打ち込み、20ページ程度の業務マニュアルにまとめる	戸田	西川	4/24～4/29	

2 問題はチームで解決する

問題はひとりではなく、チームで解決します。

ときには、ひとりで思い悩んで解決しなければならない問題もありますが、できればチーム力を活かして問題解決することです。解決策を検討する際のブレーン・ストーミングなどは、まさにその一例で、相乗効果を効かせることができます。

先ほどの項で、問題解決に向けた実行計画書を作成しましたが、その実行計画を進める場合でも同じです。解決までの作業項目について、仮にあなたが責任者だったとしても、担当者、つまり実際にその作業を行なう人は他の人にお願いしてもいいわけです。すべてを自分でこなすのではなく、チーム力を活かした問題解決を行なうようにします。ひとりの力は限られていますが、チームで事に当たることによって、何倍もの力を発揮することができます。

それから、チーム力を活かした問題解決のメリットはもうひとつあります。

人間は弱いもので、他人の目がないと、どうしても手を抜いたり怠けたり、「明日にしておこう」といった弱い部分が表に現われてきます。しかし、チームであればお互いが刺激し合い、いい意味での監視機能を働かせることができます。「みんながんばっているから、自分もやらなければ！」という気持ちにもなります。

こうした、チーム力を活かした問題解決を行なうにはいくつか注意が必要です。

まず、人はみな同じではないということです。同じ現象を見ても、人によって感じ方はさまざまだし、表現する言葉も違います。

ですから、少なくとも問題解決に関する事柄については、チームとしての共通認識、共通言語を持つことです。「今回の問題は何か？」と質問されたら、みんな同じ答えが返ってくるような共通の認識のことです。それがないと、各人の認識にズレが生じて、せっかくチームで活動しようとしても、相乗効果を発揮することはできません。

それから、チームになると、個人のときと比べて、どうしても当事者意識が薄れてきます。「自分がやらなくても、他の人が何とかしてくれる」という気持ちです。ですから、責任者、担当者といった役割分担を、しっかりと行なう必要があります。

また、チームで意見調整する場合の特徴ですが、保守的で平均的な意見に落ち着いてしまう傾向があります。人数が多くなればなるほど、両極端な意見が削られ、より平均に近い意見に集約されてしまいます。

ぜひ、こうしたことを十分理解したうえで、チームによる問題解決を行なってください。

3 上司をうまく説得するコツ

予算や人事など、解決策を実行するにあたっては、必要となる経営資源があります。しかし、そうした経営資源の配分に関しては、多くの場合上司が決裁権を持っています。また、解決策を実行することで、会社の経営に影響を及ぼすような事柄であれば、ひとりで勝手に決めるわけにはいきません。上司の決裁が必要になります。

このように、問題解決をする場合も、ただ解決策を実行すればいいというものではなく、解決策を実行するにあたっての環境を整えなければなりません。

そこで大事なのが、決裁権を持っている上司をうまく説得して、解決策の実行にGOサインをもらうことです。問題の大きさや関わっている人数にもよりますが、**次のPREP法（プレップ法）を使うことで、上司をうまく説得することができます。**

PREP法とは、次の四つの順番で話を構成する方法です。

Point＝まず結論を話す
Reason＝結論に至った理由を話す

Example＝具体例を話す
Point＝もう一度、結論を話す

口頭で話をする場合でも、スライドなどを使ってプレゼンスタイルで説得する場合でも、この順番で構成することで、説得力のある話をすることができます。

たとえば、今回の解決策を実行するにあたって、100万円の予算が必要だとします。普通の説得の仕方は、〝お願い〟スタイルです。「今回、100万円の予算が必要なので、ぜひご承認をお願いします」。しかし、これではとうてい100万円の予算は取れません。そこで、PREP法を使うとこうなります。

「今回、100万円の予算が必要なのです。今抱えている納品遅れの問題を解決するために、新たなシステムを導入する予算です（Point）。これが実現できれば、納品遅れの問題が解決し、私の試算では年間300万円の売上増に貢献できます（Reason）。

実は、大学時代の友人の勤めている会社でも同じA社のシステムを導入して、一気に納品遅れの問題が解決したと聞きました（Example）。また、業界内での評価も高いシステムです。ということで、ぜひA社のシステム購入に関して100万円の予算の承認をお願いします（Point）」

こうして話をすれば、予算獲得もできるでしょう。

4 問題が発生したらすぐ動く

ここまでの章では、問題発生からはじまり、問題を特定し、原因究明を行ない、そして解決策を決める、という問題解決の3ステップ法の流れに沿って見てきました。これが、本来の問題解決の手順になります。

しかし、実際に問題が発生した場合、3ステップ法で解決策を決めるまで何も動かず、じっとしているということはないはずです。おそらく何らかの対応をしているはずです。とくに、問題発生直後の初動の速さはとても重要です。

応急処置として問題に対処する

問題が発生したら、「待ったなし」で何からの対応をしなければならないことがあります。

たとえば、お客様からクレームがあれば、理由に関係なく、まずは「たいへん申し訳ありません」と謝罪しなければなりません。傷口が広がらないように、応急処置をするのです。

あるいは、家庭内のことであれば、家の蛇口が壊れて水が噴き出したら、とりあえずこれ以上水が噴き出さないようにタオルで止めるなどします。これも応急処置としての対応です。

ですから、3ステップ法に沿った問題解決とは別に、応急処置として即動くことも必要なのです。

暫定的に問題を処理する

「とりあえず、問題を解決する」とでも言ったらいいでしょうか。

クレームの件で言えば、応急処置として謝罪した後、新品に交換するなどして暫定的に問題を処理します。水の噴き出しで言えば、水道の元栓を閉めることで、水が出ないようにする処理のことです。

根本的な問題の解決にはなりませんが、一時的な問題解決にはなります。

根本的に問題を解決する

本来の問題解決の手順であり、3ステップ法の流れに沿った問題解決です。

クレームが起こった原因を究明し、解決策を実行する。水が噴き出した原因を究明し、解決策を実行する。当然ですが、応急処置や暫定的な問題処理と同時進行で進めていくことになります。

5 問題解決は集中力が決め手！

何でもそうかもしれませんが、結局のところ、成功の決め手になるのは集中力です。だらだらと時間をかけて取り組むより、集中して一気に問題に取り組めば、短期間で解決できます。

よく、「選択と集中」という言い方をします。「選択」とは、いくつも考えられる選択肢の中から選ぶということであり、同時に他の可能性を排除するということです。ですから、選ぶという行為は、本当はとても重い決断なのです。

問題解決で言えば、問題解決の3ステップ法を実践することで、解決策を選択したことになります。さらに、その解決策を具体的な作業項目に落とし込んだ実行計画書を作ることによって、今後取るべき行動を選択します。後は腹をくって、集中して実行するだけです。

ところで、集中の仕方は人によってまちまちです。

ある人は、他の業務をシャットアウトしないと集中できないと言うし、またある人は、「毎日忙しくしているから、神経が研ぎ澄まされて集中できるんだ。時間がないほうが、かえって集中できる」と言います。

これらは、まったく正反対の意見ではありますが、共通して言えることは、「集中できる環境を整える」ということです。あなたにとって、集中できる環境を整えることです。

自分は、リラックスすることで集中できるタイプなのか、追い詰められないと集中できないタイプなのか、見極めながらコントロールしてください。


集中できる環境を整えるためには、いろいろな方法があります。たとえば、やるべきことに期限を設けるという方法です。3日以内とか、1週間以内といった具合です。

また、1日の中での時間の使い方で言えば、集中する時間とそうでない時間をはっきり分ける方法があります。いわゆる〝がんばるタイム〟を設けて、13：00〜15：00の2時間は他の業務をシャットアウトして、業務に集中して仕事をしよう、というようなやり方です。

その他にも、作業が完了したり問題が解決したら、そのごほうびとして自分にプレゼントをするというやり方で仕事に集中する方法もあります。さらに、問題解決後のゴールをイメージしてモチベーションを上げたり、人に宣言することで自分を追い詰める方法など、あなたに合った集中力アップの方法を見つけてください。

問題解決した後は、これをやる

chapter 10

1 問題が解決しても終わりではない

実行計画書に沿って解決策を実行して、すべて終了しました。と、言いたいところですが、実はまだ終わりではありません、続きがあります。

解決策を実行した後は、狙い通りに問題解決できたかどうか、検証・評価を行ないます。

ここに至るまでには、その時々の状況に合わせて臨機応変に計画を見直し、修正し、柔軟な姿勢で問題解決にあたってきたはずです。問題解決の手順、手法を駆使して、考えながら動き、動きながら考えることを実践してきたことでしょう。この後は、そうした活動の結果をしっかりと把握することで、次の展開が見えてきます。

仮に、突発的に発生した問題であれば、検証・評価は必要ないかもしれません。しかし、多くの場合、仕事でも家庭でもそうですが、今後も継続して関わっていく人たちに関連ある問題のはずですから、検証・評価することは、将来に向けて必要になります。

具体的な検証・評価の方法は、ＰＤＣＡサイクルを回すことで行ないます。

Plan　計画：問題解決のための実行計画書を作成する

Do　実行：実行計画書に沿って解決策を実行する
Check　評価：狙い通りに問題が解決されたかどうかを確認する
Action　改善：同じ問題が発生しないように業務を改善する

Plan／計画

ここまで見てきて、ノープランで問題解決に取り組む人はいないはずです。短絡思考ではいけません。しっかりと、実行計画書まで落とし込みます。

Do／実行

チームであったり、ひとりであったり、問題によって取り組むスタイルに違いはあるものの、実行計画書に沿って集中して解決策を実行します。

Check／評価

さあ、ここからが本題です。解決策を実行した結果、狙い通りに問題が解決されたかどうか、を評価します。

ここで重要なのが、いつの時点で評価するのかということです。すぐに成果となって表わ

PDCAサイクル

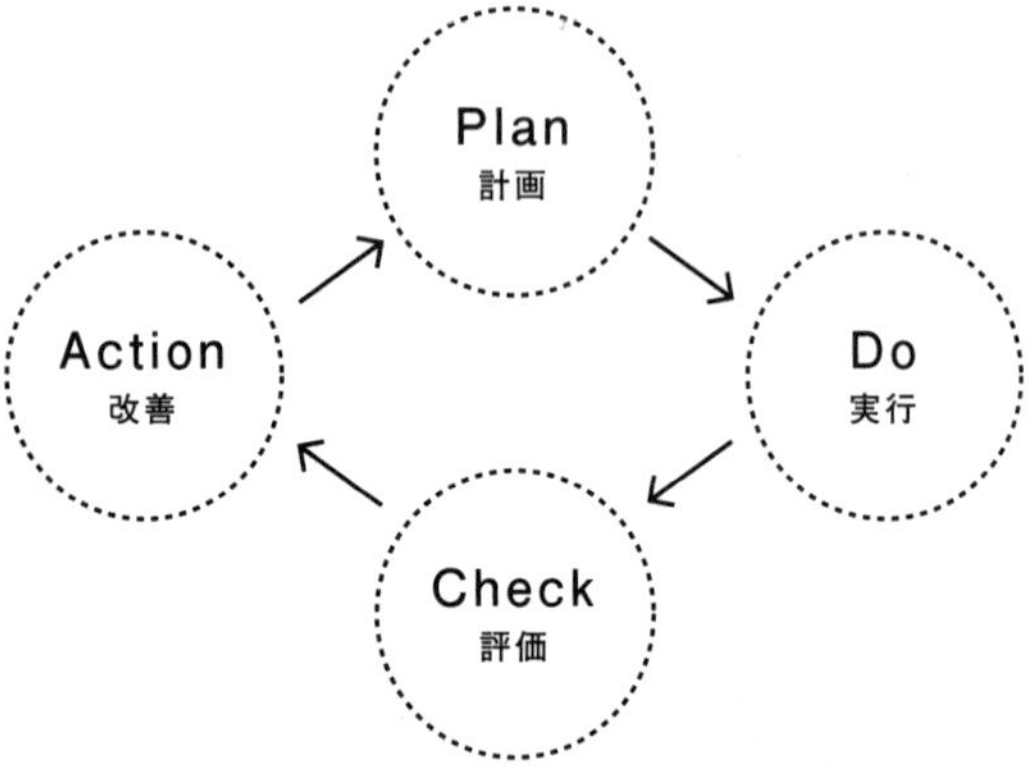

れるものもあれば、そうでないものもあります。場合によっては、結果が明らかになるまで数ヶ月かかるようなものもあります。ですから、正しく評価できるタイミングを見極めることが大切です。

それから、誰が評価するのかも事前に決めておきます。自己評価もいいのですが、やはり客観的な判断も大事です。できる限り、第三者の目で評価してもらいます。

また、具体的な評価ポイントは二つあります。

ひとつ目のポイントは、当初の狙い通りに問題が解決されたかどうか、です。解決策を実行した結果、現状をあるべき姿（目標）にまで押し上げることができたかどうかを評価します。

二つ目のポイントは、解決策を実行した結果、別の問題を発生させていないかということです。何らかの行動を起こせば、必ずその影響があるものです。ひとつの問題を解決した結果、別の問題を発生させていないか、まわりへの影響を調べる必要があります。

Action／改善

評価の結果、十分な成果があがっていると判断されればいいのですが、万一、思うような成果があがっていない場合には、その点を明らかにして新たな問題として設定し直し、原因究明、解決策といった3ステップ法を展開していくことになります。

また、まわりに別の問題を発生させてしまった場合も同じで、新たな問題として捉えることになります。

こうして、PDCAサイクルによって問題解決の検証・評価を行ないます。そして、必要に応じて何度かこのサイクルを回すことで、狙い通りに問題解決を実現していくのです。

2 問題の発生を未然に防ぐ予防対策

では、問題解決の究極の形とは、どのようなものでしょうか。

それは、「そもそも、問題を発生させないようにする」ということです。問題は、ないほうがいいに決まっています。問題が発生する前にその兆しを察知して、未然に防ぐことができれば、それが一番いいのです。問題が発生してから解決するより、格段に優れた問題解決法と言えます。

もちろん、すべての問題が未然に防げるわけではありません。発生している問題の数%かもしれませんが、**問題を発生させないように、可能な限り予防対策を取るようにしてください。**

たとえば、東京勤務のあなたは、出張のため明日午後の飛行機で九州に向かうことになっています。ところが、今朝のニュースを見ると、明日の午前中に台風15号が関東を直撃する恐れがあるというのです。

さて、あなたならどうしますか?

おそらく、「台風の影響で飛行機が飛ばなくなるかもしれない」と予想するでしょう。そうなったらたいへんです。大事な顧客とのミーティングに間に合いません（問題発生）。そこで、問題を未然に防ぐために、今日の飛行機で九州に向かおうと考えるわけです。つまり、この行動が予防対策となります。

こうした予防対策のためには、まず3章で紹介した問題発見力に磨きをかけることです。世の中で求められる能力は、問題解決力から問題発見力へと変わってきています。問題意識、改善意欲、危機感、目標設定力、現状把握力、情報取集力など、こうした各要素をしっかりと見直してみてください。

そうすることで、問題になる前の「問題の芽」の段階で気づくことができ、将来のリスク（問題発生）に対する感度が高くなります。

ここで大事なことですが、「火のない所に煙は立たない」のことわざ通り、問題発生の前には何らかの兆しがあるものです。ですから、そのような兆しが現われたら、次の二つの指標を使って整理しておきます。

・**発生確率**：予想される問題が発生する確率
・**影響度**：問題が発生した場合の、まわりへの影響度合

発生確率、影響度ともに、高い、どちらとも言えない、低いといった3段階で評価し、予

予防対策と発生時対策

予想される問題	発生確率	影響度
台風の影響で飛行機が飛ばなくなる	○	◎

予防対策

1. 今日の飛行機に予約変更する
2. 陸路（電車）で九州に向かう

発生時対策

1. 九州支店の別の担当者が代行できるよう、事前に情報共有しておく
2. 九州の顧客と連絡を取って、いざというときは、テレビ会議に切り替えてもらえるように理解を得る

防対策を打つべきかどうかの判断を行ないます。なかには、発生確率が高くてもまわりへの影響度が低く、大きな問題になりそうもないというものもあれば、発生確率はほとんどないが、いったん発生してしまったら、大問題に発展しそうなものもあります。

こうした予防対策によって、多くの問題を発生前に食い止めることができます。しかし、予防対策をとったにもかかわらず、問題が発生してしまうことがあります。

先ほどの出張の例であれば、台風が来る前に九州に向かおうと考えたあなたですが、考えることはみな同じです。台風情報を見た人たちによって、あっという間に、今日の飛行機に予約変更の依頼が殺到してしまいまし

た。もちろん、陸路で九州に向かう方法も考えましたが、こちらも予約がいっぱいという状況です。

そこで、そのような場合に備えて、事前に対応策を考えておくのが発生時対策です。つまり、発生してしまった問題の影響を最小限に抑えるための対策ということです。

台風の影響で明日の午後飛行機が飛ばない場合、どう対応するのか。最悪の場合に備えて、九州支店の別の担当者が代行できるように事前に情報を共有しておく。九州の顧客と連絡を取って、いざというときはテレビ会議に切り替えてもらえるように了解を得る、などです。

3 問題解決マニュアルを作成する

「同じ失敗は二度と繰り返さない」という言葉がありますが、「同じ問題は二度と発生させない」ことです。問題を未然に防ぐことはできなかったとしても、再発を防ぐことはできます。長い目で考えた場合、これはとても大事なことで、ここが成長できる会社か否か、成長できる人かそうでないか、の分かれ目になるところです。

そこで、再発防止のためのマニュアルは、ぜひ作成するようにしてください。まったく同じ問題はないにしても、同じような問題を見過ごすわけにはいけません。手はじめとして、予防対策や発生時対策の事例をまとめたものでけっこうですから、文書にしておいてください。それが蓄積されることで、立派なマニュアルができあがります。

ベテラン社員から若手社員への知識・技能の伝承はもちろんですが、ベテラン同士、若手同士であっても、こうした個人や一部のグループが持っている知識・経験を活かしていくべきです。それに、基本的に人は意志が弱いものですから、再発防止マニュアルといった、拠り所となるようなものがあるだけで、自信を持って問題解決に臨むことができます。

とは言うものの、ふだんから問題発見力に磨きをかけ、このような再発防止マニュアルを作成したとしても、残念ですがやはり問題は発生してしまうものです。

ですから、現実的には再発防止マニュアルと並行して、対応マニュアルも作成することになります。こちらについても、はじめは事例集というレベルでかまいません。問題解決の3ステップ法に沿って、どのような問題が発生して、その原因は何で、どのような解決策を取って解決したのか、といった情報がまとめられていればいいのです。

このようにして、再発防止マニュアルと対応マニュアルを合わせた問題解決マニュアルを作成することで、組織が持っている暗黙知を共有することができ、形式知として活用していくことができます。

4 解決するまでやり続ける

問題解決最後のポイントは、「解決するまでやり続ける」ことです。

たしかに、問題解決には時間がかかります。また、手間もかかります。問題を特定し、原因究明を行ない、「これならいける！」と、自信を持って解決策を実行しても、思ったような結果に至らないこともあります。

しかし、そこであきらめたら終わりです。うまくいかなかったら、違うやり方を試してみればいいのです。それでもダメなら、また別のやり方を試してみる。何度でもやり直し、行動してみることです。

昭和の名経営者であり〝経営の神様〟と言われた、松下電器（現・パナソニック）創業者松下幸之助氏が成功した秘訣、それは「成功するまで続ける」ことだったと言います。決してあきらめることなく、粘り強く何にでもチャレンジし続けたからこそ、成功できたというのです。

あきらめない限り、失敗はありません。逆に言えば、あきらめた時点で失敗なのです。そのことを肝に銘じて、問題解決に取り組んでください。

そのためには、問題を解決するという結果には固執してください。しかし、決して過程には固執しないことです。「この解決策で間違いない」からといってやり続けるのではなく、軌道修正する柔軟さが必要です。別の解決策を試してみるという、臨機応変な対応が問題解決には欠かせません。

ですから、問題は解決するまであきらめず、粘り強く違う方法でやり続けることです。

あなたのまわりは、問題が山積みのはずです。それらを放っておいたら、問題はどんどん増えるばかりです。問題から逃げることなく、それらとうまく付き合っていくことです。

常にポジティブに、そして強い気持ちを持って問題解決に取り組んでください。必ず、解決できるはずです。

おわりに

最後までお読みいただき、ありがとうございます。

あなたにとっての問題解決法は見つかったでしょうか？

本書では、問題解決法としては基本的な手法を中心に紹介してきました。「問題解決の3要素」「問題解決の3ステップ法」「問題の8段構造」など、初めて耳にする言葉もあったかもしれませんが、問題解決法を体系的に理解してもらうための括りであり、わかりやすくするための考え方です。

問題解決は、決して難しいものではありません。体系的に問題解決法を学んできたみなさんなら、むしろ「早く現場の問題解決の場面で活かしてみたい」と思っているのではないでしょうか。

本当にその通りで、問題解決法は机上の空論ではありません。現場の問題解決に使って、初めて意味があるのです。ぜひ、本書を片手にときどき読み返しながら、問題解決に取り組んでいってください。

やはり、問題解決ができる人が、仕事でもプライベートでもそうですが、自分だけでなくまわりの人の人生も楽しく、幸せに、そして豊かにすることができます。

これからは、問題解決を好きになって、問題解決することを楽しんでください。

次回、みなさんにお会いできるのは、私が行なっている〝問題解決力向上研修〟の場かもしれません。そうした研修の場で、みなさんとお会いできることを楽しみにしています。

最後に、執筆の機会をくださった、箱田忠昭先生、同文舘出版株式会社の古市達彦ビジネス書編集部部長には、心から感謝申し上げます。

そして、支えとなってくれた家族には、この機会に改めて感謝したいと思います。

車塚　元章

【著者略歴】

車塚　元章（くるまづか　もとあき）

1965年東京生まれ、青山学院大学経済学部卒業。

大学在学中に、29歳で起業を決意する。新日本証券株式会社（現みずほ証券）を経て、経営コンサルティング会社に入社。戦略立案、問題解決プロジェクトに携わり、研修講師などもつとめる。30歳でコンサルティング会社を設立し、代表取締役に就任。企業の経営問題を解決するスペシャリストとして、たびたび新聞や雑誌等で取り上げられ、講演なども行なう。こうしたビジネス経験から、人材育成の重要性を改めて感じ、現在は研修講師としてビジネスマン教育に力を注いでいる。

著書に『仕事ができる人の問題解決力』（税務経理協会）がある。

主な研修テーマは、問題解決力向上研修／ロジカル・シンキング研修／プレゼンテーション研修など。

研修情報はこちら thhp://www.insightlearning.co.jp

どんな問題もシンプルに解決する技術

平成24年2月17日　初版発行

著　　者 ――――― 車塚　元章
発 行 者 ――――― 中島　治久
発 行 所 ――――― 同文舘出版株式会社
東京都千代田区神田神保町1-41　〒101-0051
営業(03)3294-1801　編集(03)3294-1802
振替00100-8-42935　http://www.dobunkan.co.jp

ISBN978-4-495-59701-6
印刷／製本：萩原印刷
Printed in Japan 2012